# A School for
# Design Fiction

Imagined with Vanessa

The school. The auditorium. The ceiling. The floor. The formation of chairs — eight rows of eight chairs — a pattern of thought.

The audience. I look directly at the audience and begin to speak.

- Please turn your mobile phone to silent.
- Smoking is not permitted in the auditorium.
- The format. Two sessions with a 20 minute break.
- Ask questions.
- Gauge the right moment to ask a question.
- If you leave the auditorium, use the back gallery doorway.
- Bathrooms are downstairs.
- Wash your hands.

# A School for Design Fiction

1–136
WHAT IS PROSAIC?
Gavin Wade

Matter is plastic in the face of mind

Galerie für Zeitgenössische Kunst
Leipzig, auditorium, Friday 8
November, 2013. A woman enters
and takes a seat at the end of a row
of eight chairs. She is wearing a light
grey hooded cotton sweatshirt and
pale blue jeans. She places a canvas
tote bag on the floor, leaning against
the leg of the chair. A lecture begins.
After some time she takes an A4
notebook and a felt-tip pen from
the bag, and begins to write notes
and make drawings on the notebook
resting on her lap. Some time later
she places the pen on the notebook
and takes a bar of chocolate from
the bag. She opens the wrapper and
takes a bite of the bar. The rustling
sound of the wrapper attracts
attention in the auditorium. Further
time passes. She falls asleep, her head
slumped forward slightly.

The auditorium's furniture —
a suite of chairs, occasional
tables and lamps — suggests
some archetypal institution in
the former GDR.

# Why can't it be made?

A school for design fiction. A 'design fiction' (read in the same register as 'science fiction'), is an object that — materially, functionally, or conceptually — cannot presently be made. Design fictions often project our perception of design into the far future. Let us today also consider objects from the past, and imagine objects from parallel realities.

Coates printing workshop, Salisbury, England, June 1836. The architect Augustus Pugin arrives, carrying a slim folio containing a single copper plate etching of the final illustration in his book, presently in production. "Contrasts: or, A Parallel Between the Noble Edifices of the Middle Ages, and Corresponding Buildings of the Present Day; Shewing the Present Decay of Taste, Accompanied by Appropriate Text" will be Pugin's first substantial publication. He has undertaken few architectural commissions and hopes this book will stimulate interest in his spirited vision of architecture.

He removes the etching from the folio. The image shows an ornate weighing scale displayed on a circular motif. Around the outer circumference are the words "They are weighed in the balance and found wanting". On the scale are two churches. The building on the left is labelled "nineteenth century" and on the right "fourteenth century". The scale tips decisively to the right. Pugin shows his beloved medieval architecture outweighing the contemporary in every measure. Coates receives the plate, complimenting the design without much conviction.

Having delivered this last missing element, Pugin turns his attention to the work already in progress. He is presented with printed, folded and gathered pages for the complete text sections and the majority of the plates sections of the book. He flicks through the text pages, giving some obligingly favourable commentary on the typesetting, impatient to inspect the plates.

Arriving at the first sheet of plates Pugin is confused. This pair of etchings give comparative representations of altar screens — a medieval example from Durham Abbey (1430) and a contemporary example from Hereford Cathedral (1830). The former is intricate and rich in detail, showing an orderly formation of worshippers. In contrast, the latter is an unassuming table, vulgar in its simplicity, set in an empty room. The two images, both in the same portrait format are — to Pugin's surprise — shown side-by-side, rotated 90° on a single recto page. The facing verso is unprinted.

"Why are they fallen over?" Pugin exclaims. "These were not my specifications." This outburst is not unexpected to Coates, who responds in a concerned tone. "Mr Pugin, sir, I hear your remarks but you must please understand that we are confronted with a limit of our tools. Your instructions were to give strong, clear blacks to emphasise the great detail in your etchings of medieval buildings. To achieve this our press produces such an impression on the paper that it is impossible to print the reverse of the sheet without the paper disintegrating." Pugin has turned through several sets of plates, and seeing that they all follow the same format, responds forcefully. "Coates, it is my proposition to contrast the most glorious examples of medieval architecture with the impoverished buildings of our time. Each opening of this book should express that proposition. Why not present each contrasted pair on facing pages with the binding as their divider?"

Coates is not prepared for Pugin's uncompromising tone and he pauses to formulate a response. Breaking away from the conversation, Pugin marches across the workshop to a large table where Coates's assistant is stacking the printed sheets. From these stacks Pugin takes a copy of each sheet and begins to fold them in half by hand, the fold precisely dividing each pair of illustrations.

"Fold them like this," Pugin says, gesturing with his half-sized gathering. "They'll need to be stitched into the bindings very carefully." "Mr Pugin," Coates interjects, "the book block will not lie flat." Pugin, who has already begun to demonstrate his instruction to the assistant, turns to respond: "I have no doubt that this book will become a monster."

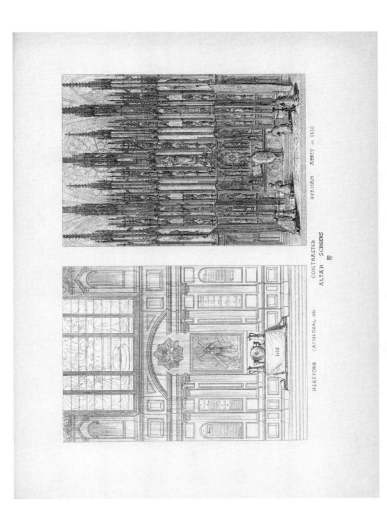

HEREFORD CATHEDRAL 1830

CONTRASTED
ALTAR SCREENS

DURHAM ABBEY in 1430

13

de religieux de
défendit de dé
révérend père g
Hunault fut é
Bretagne, et m

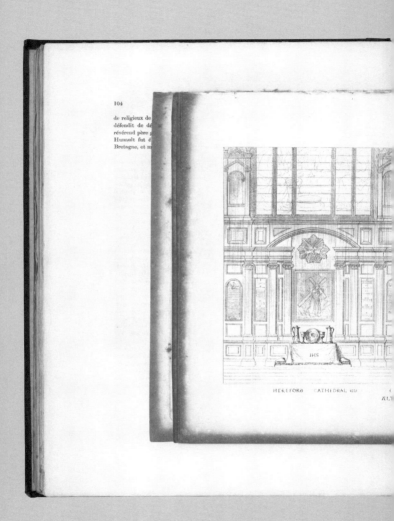

HEREFORD CATHEDRAL 1635
ALT

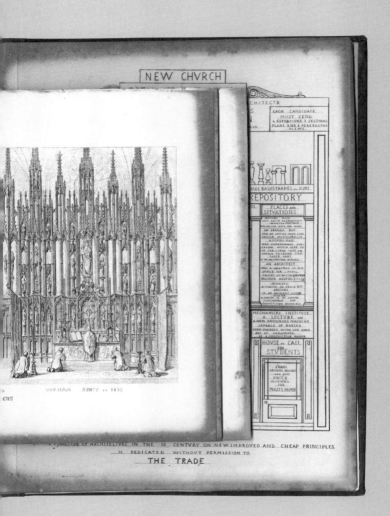

NEW CHVRCH

ARCHITECTS

EACH CANDIDATE
MVST SEND
4 ELEVATIONS 2 SECTIONS
PLANS AND 5 PERSPECTIVE
VIEWS

MADE BALVSTRADES all SIZES

REPOSITORY

PLACES and
SITVATIONS

AN ERRAND BOY
FOR AN OFFICE WHO CAN
DESIGN OCCASIONALLY

A YOVNG MAN
WHO VNDERSTANDS DRAWING WOVLD LIKE TO
DO FOR A HEAD VNTIL HE
COVLD TEACH THE TASTY PART
OF THE ARCHITECTVRAL BVSINESS.

AN ARCHITECT
HAS A VACANCY IN HIS
OFFICE FOR A PVPIL.
TALENT OF NO CONSEQVENCE
PREMIVM REQVIRED £500

WANTED
A YOVTH TO MAKE OVT
DESIGNS
IN AN EMINENT OFFICE
A MAKER TO DO DRAWING
FORECOMPETITION FOR
COMPETITION DRAWING

MECHANICKS INSTITVTE
A LECTVRE ON
A NEW DESIGNING MACHINE
CAPABLE OF MAKING
1000 CHANGES WITH THE SAME
SET OF ORNAMENTS
BY A COMPOSITION MAKER

HOVSE of CALL
FOR
STVDENTS

2 HAND
DESIGNS BOVGHT
AND BEST
PRICE
ALLOWED
FOR
WASTE PAPER

WYKHAM ABBEY in 1450

ENS

THE PRACTISE OF ARCHITECTVRE IN THE 19 CENTVRY ON NEW IMPROVED AND CHEAP PRINCIPLES
IS DEDICATED WITHOVT PERMISSION TO
THE TRADE

Matter is plastic in the face of mind

Following a break, the woman enters
the auditorium, returns to the seat,
places the A4 notebook on the seat
and sits on the notebook. She is
wearing the light grey hooded cotton
sweatshirt and the pale blue jeans.
She places the canvas tote bag on the
floor, leaning against the leg of the
chair. A lecture begins. After some
time she takes a felt-tip pen from
the bag, and begins to write notes
and make drawings on the legs of
the jeans. The notebook is visible on
the chair. Some time later she places
the pen in the bag and takes a bar of
chocolate from the bag. She opens the
wrapper and takes a bite of the bar.
The rustling sound of the wrapper
attracts attention in the auditorium.
Further time passes. She falls asleep,
her head slumped forward slightly.

# Two eyes, ears, nostrils, brains

I turn to the side. My skin
changes shape across my face,
some parts become tight and
others form small creases as my
politeness pushes what is on
the skin into a new formation
that is still my face. Something
else invisible on the skin. Or
is it in the mind? On the wall
is a large mirror ... one, two
... five panels, closely aligned
to give the illusion of a single
mirror. The entire auditorium
is reflected. The audience
resembles the audience I recall
from a moment ago. But there
is something barely perceptible
that I ... like faces that I have
seen before but I'm not sure if
I've met.

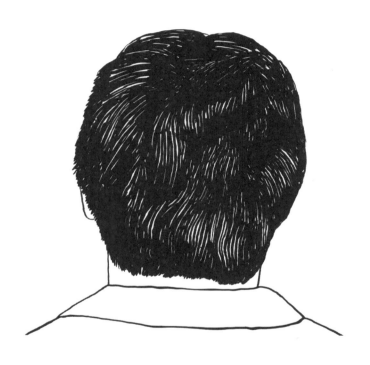

A private residence, Downey, California, August 1953. A man — referred to in the literature as 'W.J.' or 'Case One' — is having a seizure. He grimaces, mutters and repeatedly exclaims a series of words. "Bail out. Bail out. Bail out. ..." This 'aura' phase of the seizure produces in him a feeling of déjà vu and impending doom. His vision becomes distorted, apparitions obstruct his visual field.

W.J. is an American war veteran. In September 1944 he jumped from an aircraft over Eindhoven, his parachute failed to open and he fell into woodland, suffering severe head trauma and multiple fractures of his left leg. He awoke, apparently days later, in a German internment camp, where he was beaten and starved. Since he returned from Europe his condition has deteriorated. He suffers episodes of lost time — he recently found himself fifty miles from home with no recollection of how he got there. He experiences daily chronic convulsions. His skin is discoloured and disfigured from malnutrition and he has bruises and burns on his head and hands from falls during seizures. He is dependent on extensive medication to normalise daily life — Dilantia, Mysoline, Phenobarbital, Thorazine, Trimethadione, Zarontin.

After several disorienting minutes the aura progresses to a 'tonic' phase. The seizure spreads, producing a feedback across the two hemispheres of W.J.'s brain. He loses consciousness and momentarily stops breathing.

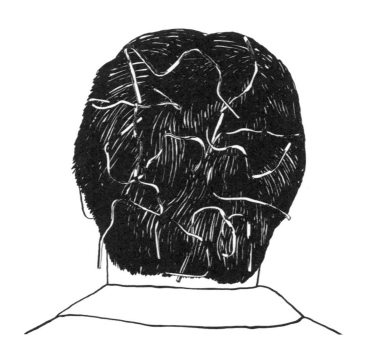

California Institute of Technology, Pasadena, June 1954. In a basement operating theatre with adjoining office, a group of young surgeons is engaged in an experimental research programme to split the two hemispheres of the brains of live mammals. Rats, cats and monkeys. A surgeon's assistant is clamping an anaesthetised cat into a head brace. He tightens the clamp and swings a wall-mounted dissecting microscope into place over the animal. He turns to arrange a set of tools on a stainless steel mobile table. The tools have an ad-hoc appearance: they are modifications of other surgical implements — blades, specula and suckers.

The surgeon enters the theatre, makes some routine preparations, and begins the operation. Using a dental drill, the assistant drills fours holes in the top of the cat's skull, in a square formation. These are connected with bone cutters and a section of the skull is snapped out, pulled back and secured. The surgeon parts the two hemispheres of the brain and inserts the specula. Almost immediately a seepage of fluid and blood occurs and clouds the surgeon's view. The assistant inserts a sucker, but this process takes too long and the cavity fills with fluid. Proceeding with the operation despite the reduced visibility, the surgeon mistakenly severs the third ventricle. This will result in a brain-damaged subject, of no use to the experiment, and so the operation is aborted. The assistant cleans the operating chair and disposes of the animal.

November 1960. In the operating theatre at Caltech, the assistant is carefully stitching closed the left eye of an anaesthetised monkey. As he works, he overhears a conversation from the office. The surgeon is speaking by telephone to a colleague at the White Memorial Hospital in Los Angeles.

"Joe, the surgery has developed considerably and our survival rate is improving. The testing phase is well underway and several papers have been published on our animal work." "You've seen them? Great."

"We know that stimulation received by the right eye is processed in the left hemisphere, and vice versa. But after the corpus callosum connecting the two hemispheres is sectioned, it is as if the animal has two separate brains, isolated but both apparently functional. A subject can be taught to perform an elementary pattern-recognition exercise with its right eye open and its left closed. With the sensory reception reversed — left eye open and right closed — the animal has to completely relearn the exercise."

"We want to expedite the human trial. We have a candidate. His epilepsy is the result of specific trauma. He is an otherwise normal, intelligent and alert individual. No other solution has been found to control his seizures."

"Yes. Wonderful, we will organise a pre-operative testing and counselling programme for him."

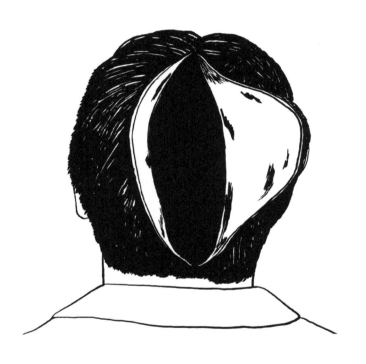

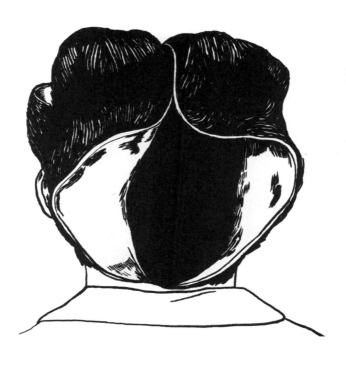

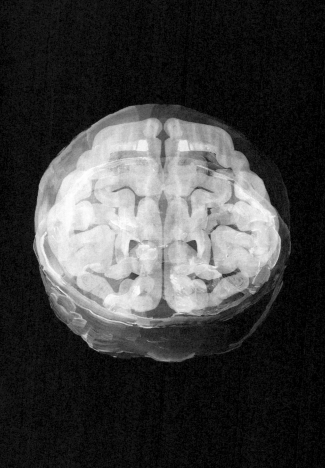

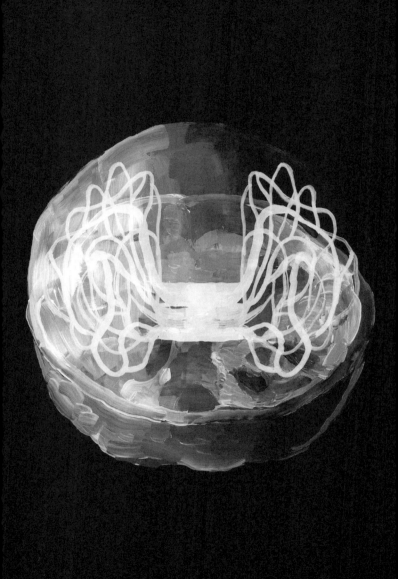

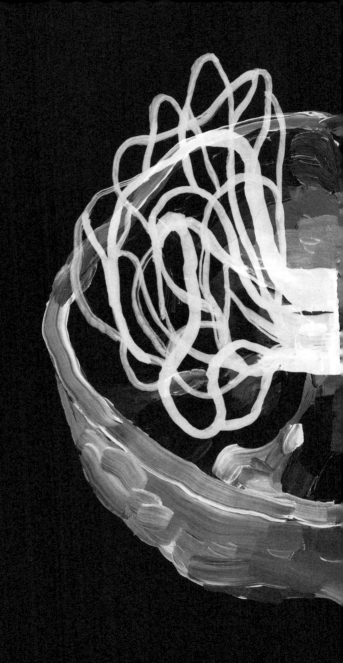

July 1965. The assistant reverses a van into the driveway of W. J.'s residence. Installed in the back of the vehicle is a custom built neurological testing apparatus. Its main device is a console with a movable display screen. Slides can be projected onto the screen in such a way that they are visible only to a patient's left or right eye. Beneath the screen, hidden from the view of the patient, but accessible to their hands, is a platform onto which small objects can be placed. Opposite the patient is a second seat, with access to the slide projector and a keyboard to record the results of the test.

W. J. emerges from the house, the surgeon supporting him by the arm as he walks gingerly across the driveway. W. J. carries his daily newspaper under his other arm. The two are in the middle of an intense discussion as they enter the van through the large sliding door at its side. W. J. and the assistant exchange greetings, and the assistant gestures towards the console, but W. J. has already turned to resume his conversation with the surgeon. "The detail is extraordinary. You can really decipher the landscape up there. I was reading in the newspaper about the camera that they are carrying aboard that thing. Apparently it weighs 50 pounds."

The surgeon nods in response. He opens the window at the back of the van as W. J. continues. Eventually W. J. is seated at the console, the assistant adjusts the screen to his position and the test begins.

A series of images is projected to W. J.'s right eye:

After each image has disappeared, the surgeon asks
W. J., "What did you see?"

"A rock."

"A die."

"A cat."

Now I am seated in the front
row, attending the lecture.
I raise my hand and ask a
question. If we accept that
our brains are a material
fact in a deterministic world
does it follow that our actions
are predetermined?

"That's good," the surgeon says, "all correct, as usual." The assistant stands and reaches over to move the screen into position for W. J.'s left eye.

"How have your seizures been recently, Walter?" the assistant asks. "A brief one last month. Nothing major. That's over three years now." "And how is life generally, have you been having any other problems, anything unusual?" the surgeon adds. Patting his right leg with his right hand, W. J. says "I have tremors on this side. A few times every day. And the twitchy hand." The surgeon glances at W. J.'s left hand. "Yes, the alien hand. I noticed you have a new scar. How did you get that?" "Slicing an apple. I wanted to cut it, but this hand picked it up to take a bite." "You can't control it consciously?" "Sometimes I lose control of it, like an interference in the signal."

"You must be very familiar with these tests by now," the assistant jokes. The surgeon interjects in an earnest tone: "That first test, and the next two, you'll recognise. These establish the localised functions in your two hemispheres. We expect to see your speech responses localised to the left hemisphere, and your tactile responses localised to the right. Because of your surgery there should be no exchange between the hemispheres. You recognise objects seen with your left eye, but your right hemisphere cannot express the recognition verbally, as that would require relaying information to the left hemisphere to make a spoken response. Impossible for you."

The presentation is reversed. A series of images is projected to W.J.'s left eye:

After each slide the surgeon asks again, "What did you see?" W. J. responds hesitantly.

"          "

"There was a flash of light."

"I saw nothing."

Apparently undisturbed, the surgeon repeats the process. A series of images presented to the left eye:

As each image appears, the surgeon directs W. J.
to use his right hand only to identify the objects by
touch, from the selection out of view on the platform.

W. J. identifies the die.

W. J. identifies the key.

W. J. identifies the rock.

"That's good, Walter," says the surgeon. "Let's move right along to the interesting part." The assistant adjusts the screen. Two images are presented in quick succession, one to the left eye:

And with the screen immediately moved to the side, a second image to the right eye:

Following this, a single slide showing numerous objects is presented to W. J.'s right eye. The assistant asks, "Walter, can you see an object that you can relate to what you saw?" W. J. pauses for a few seconds.

"A door."

The assistant then directs W. J.'s right hand to the platform and asks him to identify an object to relate to the image he has just seen through his left eye. W. J. handles each of the objects in turn.

W. J. identifies the toy cat.

The surgeon asks W.J., "Why did you choose this pair, Walter? What's the connection?" W.J. hesitates for a few seconds and then offers, "The cat scratches at the door to be let in." The surgeon and the assistant exchange a furtive glance. "And Walter, why did you open the window in the van earlier?" "Oh, I wanted some fresh air," W.J. replies.

Their session concluded for the day, the three men are seated around a table of drinks in W.J.'s yard. The surgeon is speaking, "Walter, you actually chose the door because it relates to the key that we showed your left hemisphere." W.J. nods. "And you chose the cat because it relates to the milk bottle that we showed your right hemisphere." W.J. seems puzzled. "But because your split hemispheres can't share the information that motivated their choices, you are faced with a confusion."

"Your left hemisphere invented the story about the cat scratching at the door to compensate for that confusion." "And do you remember that I asked you just now why you opened the window?" "Sure," W.J. says. "Well you didn't open it, I did. But because your left hemisphere is masking the disconnection in your perception, it invents a motivation for the action that it believes you took." W.J. is silent. He frowns and stares at the table. The surgeon continues in a positive tone: "We've seen these phenomena in your tests before, but now we think we have enough insight on the data to publish."

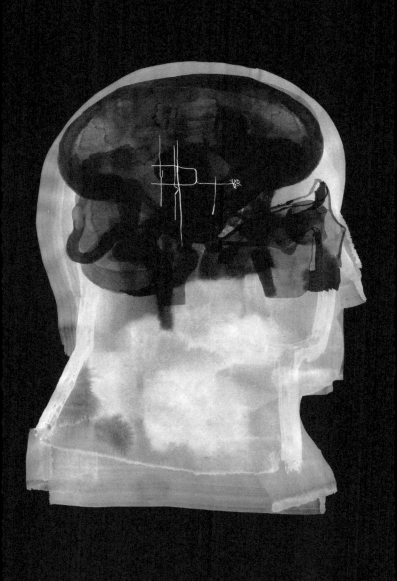

"We're calling it the 'interpreter'," declares the surgeon. "We think it exists only in the left hemisphere of the human brain, and its function seems to be to decide which of the many streams of sensation that the brain receives should be used in its mental image of reality. This happens unconsciously. Before we are even aware of what we are experiencing, our brains are filtering and processing, constructing an impression of reality to comply with our identity and personal narrative." The assistant looks reassuringly at W. J., who appears fascinated by what he is hearing.

"It's very hard to say how it evolved," the surgeon continues. "My theory is that it's a by-product of memory. Our ability to recall events in our lives is amazing, but it's impossible for our brains to record every detail of every moment of experience. So we need a way to decide what's important, a filtering mechanism to translate the noisy streams of sensations into our perception of reality as a continuous and believable narrative. I think the interpreter comes from that. It produces the thread to connect each of our memories of the outside world together."

W. J. reaches over to the newspaper on the table and holds the cover in front of his face so that the surgeon and assistant can see it. A photograph is printed large across the full width of the page. It shows the far side of the moon, and was taken from the Russian Zond spacecraft. He jokes, "So we are the storytellers of the universe!"

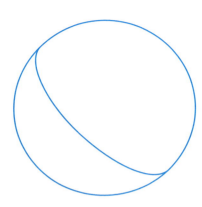

The chairs are rearranged
into a circular formation.
I'm sort of sliding around in
space. Standing outside the
circle, I begin to slide slowly
to the centre, reading aloud
from Buckminster Fuller's
"Synergetics: Explorations
in the Geometry of Thinking"
(1975).

A breakdown of my spheres
of thinking. The layers of
thought. Thought is the skin
of the sphere. Within, an
inner sphere that contains
the prosaic.

Outside the sphere is the finite
outwardness, a macrocosm of
irrelevancy.

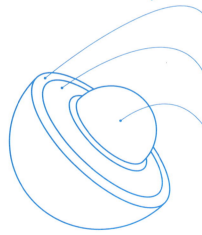

• The outer ring of chairs is
the tantalisingly almost relevant.
Almost. A definite convexity.

• This ring is the definite.
The lucidly relevant.

• We reach the finite withiness.
The microcosm irrelevancy.

I reach the centre and survey
the room. Thinking is frequency
modulation — tuning out finite
irrelevancies into two main
classes. Micro and macro,
leaving the residual definated
system as lucidly relevant.
I withdraw to the perimeter of
the circle.

Again. From the perimeter to
the centre. The finite macro
irrelevancy. The outside. Too
large. Too infrequent.

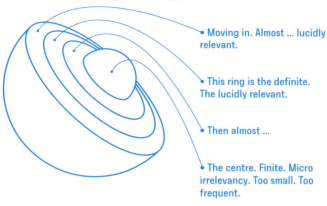

Moving in. Almost ... lucidly
relevant.

This ring is the definite.
The lucidly relevant.

Then almost ...

The centre. Finite. Micro
irrelevancy. Too small. Too
frequent.

I withdraw again and prepare
for a last movement.
The non-conceptual. Finite.
Withoutness. Nonsimultaneity.
Nonsynchronously tunable.

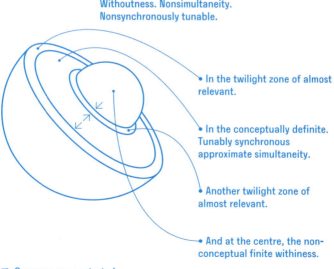

In the twilight zone of almost
relevant.

In the conceptually definite.
Tunably synchronous
approximate simultaneity.

Another twilight zone of
almost relevant.

And at the centre, the non-
conceptual finite withiness.

↗ Concave: concentrated.
↙ Convex: diffuse.

Matter is plastic in the face of mind

Following a break, the woman enters
the auditorium, returns to the seat,
at the end of the row of eight chairs.
She is wearing the light grey hooded
cotton sweatshirt and the pale blue
jeans. She places the canvas tote
bag on the floor, leaning against the
leg of the chair. A lecture begins.
After some time she takes the A4
notebook and the felt-tip pen from
the bag, and begins to write notes
and make drawings on the notebook
resting on her lap. Some time later
she places the pen on the notebook
and takes a bar of chocolate from the
bag. Without unwrapping it she takes
a bite of the wrapping and the bar.
The rustling sound of the wrapper
attracts attention in the auditorium.
Some time later, she places the rest of
the bar back in the bag and falls asleep,
her head slumped forward slightly.

The auditorium's furniture is
an artwork by Till Exit, titled
"Weltall Erde Mensch" —
'universe, earth, human'. The
title is taken from a book. I
pick up the book from a table
beside me, and begin to read.

First toy cosmos

This book is the book of truth. When the first edition was published in 1954, young people joyfully read the work because they wanted to know the truth about the origin and development of the universe, the earth and the human race. The book shows how humanity has detached from animality over the centuries, how we changed our living conditions with the help of our hands and changed our position from slave to master of nature after hundreds of thousands of years of struggle against nature and reactionary social forces.

There is no need for mysticism, superstition or idealistic concepts of the world. Science proves that the world's form is transparent and that there are no eternal secrets. What is beneath the skin will rise to the surface. What is concealed today we will know tomorrow for sure.

Overhead, obscurity
unveiled the stars.

Looking down, I saw
through solid rock,
buried graveyards of
vanished species.

Down into the earth's
core of iron.

Through the strata
into eternal night,
where sun and stars
were together.

I saw civilisation
develop in isolated
regions.

Its simplistic
environments hindered
growth of mind.

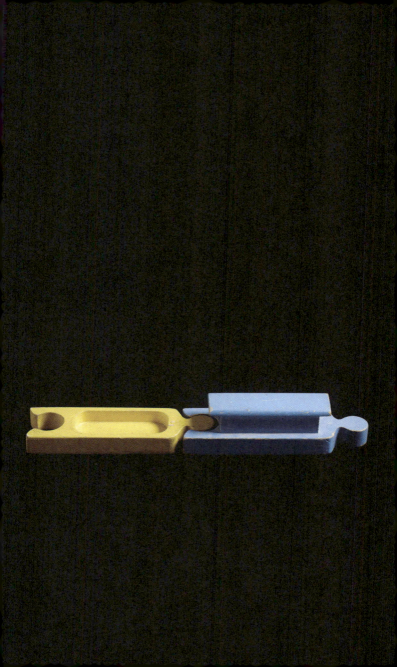

An ancient artefact
was discovered.

The advanced society
which made it had left
no other trace.

Its message would take many thousands of years to spell itself out.

A single designer
could hardly invent all
the subtleties of such
an object.

A knowledge built up
over generations.

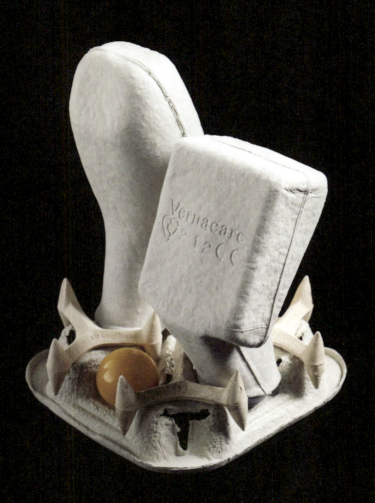

Thereby creating
many distinct histories
of the cosmos.

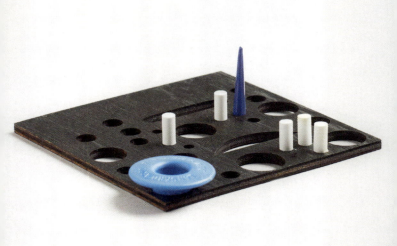

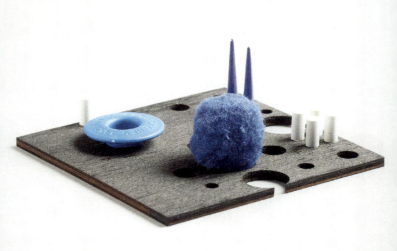

Preserved, like extinct creatures, for scientific interest.

Matter is plastic in the face of mind

The woman enters the auditorium, returns to the seat, places the A4 notebook on the seat and sits on the notebook. She is carrying the light grey hooded cotton sweatshirt and wearing the pale blue jeans. She places the sweatshirt on her lap. She places the canvas tote bag on the floor, leaning against the leg of the chair. A lecture begins. After some time, she falls asleep, her head slumped forward slightly. Some time later she wakes and takes the bar of chocolate from the bag. She opens the wrapper and takes a bite of the bar. The rustling sound of the wrapper attracts attention in the auditorium. Further time passes. She places the bar back in the bag, takes the felt-tip pen from the bag and begins to write notes and make drawings on the sweatshirt resting on her lap. The notebook is visible on the chair.

# A dead man speaks

I notice a mark on the page
that I am reading from. On
closer inspection I discern that
it is not on the surface, but
embedded in the fibres of the
paper. How am I to interpret
this? Perhaps it is a sign. The
fibres do seem to form a crude
arrow. My eye follows the line
that it suggests across the
page and over the binding.
I arrive at a second mark,
this one obviously printed
ink. Perhaps a speck of dust
was stuck to the surface of
the printing plate? Or is it
deliberate? Does it refer to some
schema that I am missing?
I continue to survey the pages
looking for other related signs.

A digital voice synthesis studio, Edinburgh, Scotland, October 2013. The studio is small and untidy, not intended to accommodate clients as other spaces in this building are. On a table in the corner of the room a robotic model of a human head is supported on a stack of books. From the front this robot presents a convincing appearance of a man in his early 50s. The head is made of a synthetic skin mask detailed with real yellowish-grey human hair in a side parting. The lips and eyes are skillfully hand-painted soft rubber. The skin mask is bonded to an aluminium frame with firm moulded rubber features. The robot is wearing elegant dark brown and caramel coloured horn-framed glasses.

Behind the robot is a computer, and various electronic components. Three circuit boards are connected to an antique valve amplifier mounted on a heavy mahogany base inside the robot's head. The interface between these elements is curious — a union of the technical aesthetics of two eras. In contrast to its face, the robot's workings appear improvised. The circuit boards hang from crudely soldered wires and tape has been used liberally to secure connections that have needed repair or repositioning. An engineer is adjusting a faulty connection between the computer and a motor in the back of the robot's head that should produce a synchronised motion in its jaw. He is unfamiliar with the robot, but has apparently determined that the problem is not the digital signal, the jaw itself is jammed in a mechanical rigor mortis.

While the engineer loosens various screws around the frame to release the tension in the jaw, a second man enters the room: an academic, whose university research department has indirectly commissioned this robot. The two have not met before. Seeing the engineer struggle to adjust the frame without it collapsing, the academic, superficially more familiar with its construction, apologetically intervenes. The engineer is grateful and returns to the computer, politely asking about the motivations of the project.

"The robot is designed to resemble the Scottish author Gilbert Adair," the academic responds. "Adair died two years ago. The likeness is based on a photograph printed on the dust jacket of the hardback edition of his novel "The Death of the Author" from 1992. I am studying Adair for my Ph. D. My topic is a sub-culture of amateur writers known as 'continuators'. It's fan-fiction — writing that is motivated by a desire to continue the stories of others, or to bring more detail to existing literary universes. Continuators are very often science fiction enthusiasts. There is a vast amount of fan-fiction set in the Star Trek universe ..."

"So, Gilbert Adair wrote science fiction?" asks the engineer.

"Oh, no, Adair didn't write any sci-fi himself. He was a serious novelist and critic. But everything he wrote was somehow about continuing the journeys of other writers."

"He wrote a sequel to Lewis Carroll's 'Alice', he translated Georges Perec's "La Disparition" — a novel without a letter 'e' — and he wrote an English version of Roland Barthes's "Mythologies". All remarkable technical accomplishments. I think he was trying to understand the post-modern moment that he was working in. Looking for a way of relating to the work of those who came before him." He pauses, supposing that he may be losing the engineer's attention. "But that makes him sound too serious. His work was very funny and mischievous actually."

"So you've made this robot to speak in the voice of Gilbert Adair?" asks the engineer, sounding sceptical. "I'm nearly ready here, have you decided what the first words spoken by Robot Gilbert will be?"

"I've been having difficulty deciding. Should he be programmed to recite his own work or would it be more fitting for him to read another text? I think I'm resolved on a text of his own. It's the opening scene from the novel "A Key to the Tower". Two characters are driving in opposite directions along a remote road in the French countryside. It's night and there is a wild storm. In the moment immediately before they will pass, a flash of lightning brings down a tree that blocks the road in between their two vehicles. The two strangers consider their predicament and one proposes to the other that they should swap cars and each continue their journey in the other's vehicle. The text is on this USB drive."

The engineer connects the drive to the computer. A further technical problem emerges. The software has frozen and the computer needs to be restarted. This process takes several minutes during which time the moving parts in the robot's face slump. "Probably didn't like the formatting of your drive," the engineer offers. After the computer restarts the software reverts to a demonstration routine and becomes unresponsive. The robot unexpectedly begins to speak. It first goes through a sequence of extended vowel sounds, then words of two, three, four syllables, and then rapid chattering. The voice is distorted and its pitch uneven. The engineer feels compelled to explain that a synthesised voice simulation requires hundreds of hours of input to achieve believable, naturalistic results. As only a few hours of inconsistent recordings of Adair's voice have been located, the effect is a strange mixture of the author's slightly camp, warm Scottish accent and a generic computerised voice.

The routine finishes and the robot proceeds to read a text at random from the database to which it is connected. To the surprise and amusement of the two, it reads from the file 'speech_synthesis_recording_notes.doc', an instructional document prepared for clients of the studio. "Recordings should take place in a quiet environment, preferably a recording studio. Speakers should be recorded reading continuous prose. Each text should be read several times, in each of the emotional intonations described in the notes …"

Matter is plastic in the face of mind

Following a break, the woman enters
the auditorium, returns to the seat,
and sits down. She is wearing the
light grey hooded cotton sweatshirt
and the pale blue jeans. She places
the canvas tote bag on the floor,
leaning against the leg of the chair.
A lecture begins. She falls asleep,
her head slumped forward slightly.
After some time she takes an A4
notebook and a felt-tip pen from
the bag, and begins to write notes
and make drawings on the notebook
resting on her lap. Some time later
she places the pen on the notebook
and takes a bar of chocolate from the
bag. She opens the wrapper and takes
a bite of the bar. The rustling sound
of the wrapper attracts attention in
the auditorium. Further time passes.
Some time later she wakes up.

# Afterwards, in the refectory

Looking up from the book, I realise that the two marks are related to a third mark, off the page on the auditorium wall. They form a triangular arrow that I am compelled to follow. I walk from the centre of the sphere, out of the back gallery doorway.

November 2013, a group of five arrive at the café of the Galerie für Zeitgenössische Kunst Leipzig. They are artist Céline Condorelli; Franciska Zólyom, director of the GfZK; producers Lars Bergmann and Michael Hahn; and artist and performer Valentina Desideri. They are discussing a redesign of the café interior. As they enter the space, Franciska is in mid-sentence. "… the general assumption of Unism is the unity of a work with the place in which it arises, or with the natural conditions that had already existed before the work of art was made. For example, Władysław Strzemiński's 1948 "Neoplastic Room" in Muzeum Sztuki, Łódź, Poland. A functional space for the exhibition of artworks including Katarzyna Kobro's "Space Compositions". In 1950 — just two years after its installation — the room's polychromes, alluding to constructivist-neoplastic aesthetics, were deemed inappropriate to the official style of social realism and painted over, and its contents entirely removed."

Preparations for the renovation are already underway. There are no tables in the space, so the five gather around the kitchen and bar area. The floor and wall coverings have been partially removed. Samples of paint finishes and printed wallpapers mark the wall, and floor tiles are stacked in the corner. The only furniture is a curious steel bench constructed from an angular space frame supporting flat planes painted in primary colours. Two of the group carry the bench toward the bar and turn it onto its side so that it can function both as seating and as an ad-hoc table.

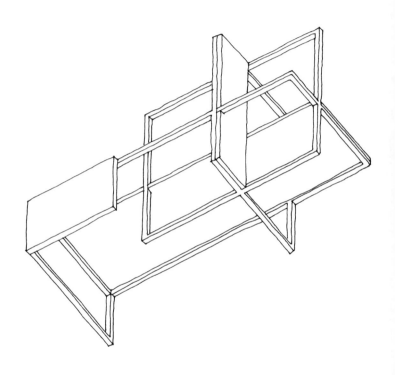

They begin to prepare a meal. Céline places a wooden chopping board on the table. From a store room behind the bar she brings carrots and potatoes. She takes a knife and roughly chops the vegetables into large chunks.

She speaks, slowly and clearly: "There was a statue, attributed to Lysippus, which was found in Siena at the beginning of the fourteenth century." She layers the chopped carrot and potato on the board. "Praised and eulogised as a wonderful specimen of sculpture, it immediately attracted the attention of Sienese artists and art connoisseurs who rushed to admire it, and campaigned to have it placed, amid great celebrations, on the fountain of a prominent city square."

She stands and walks over to the stove where a pan of water is coming to the boil. "But there followed a bleak period in the history of the city. After several defeats in battle by the Florentines, the town council called a meeting. A citizen addressed the meeting, 'Since we have started honouring that statue, things have gone from bad to worse. The statue has brought bad fortune on Siena.'" Céline takes the vegetables from the chopping board and drops them, one by one, into the pan. She reaches over the counter for a fork.

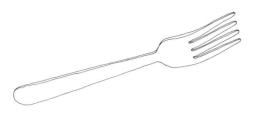

"On November 7, 1357, the town council ordered that the statue be pulled down, wholly lacerated, broken into pieces, and buried in Florentine ground to decay." She pokes the vegetables with the fork to test if they are soft enough to mash.

She mixes the soup vigorously with a wooden spoon as it continues to boil for several minutes. Eventually it finds a smooth homogenous consistency, its original ingredients unrecognisable.

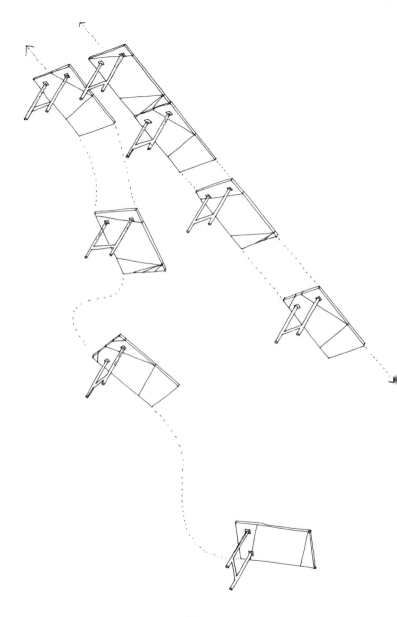

Lars prepares cheese, bread, gherkin and red pepper for an open sandwich. He hollows out crusts of bread with his fingers and sets them on the table, one for each of the group. "The ship in which Theseus returned from Crete was repaired in such a way as to have had, over time, every single one of its parts replaced," he announces. He places cheese, pepper and gherkin inside the bread base, and instructs the others to do the same. "This ship became a contentious subject among philosophers. They debated, 'Is an object that has had all of its parts replaced still the same object?'"

He picks up his ship and partially disassembles it, gesturing to the others to imitate him. A new configuration is put together using the original bread, cheese and peppers, but replacing the sliced gherkins with whole ones. These support a platform of cheese, with sliced peppers laid loosely on top. "One school of thought held that the ship was the same, another contended that it was not." A third example configuration is constructed. A base of cheese with two gherkins impressed into it, with the bread on top, inverted like a deck over the loose peppers. "Theseus's ship thus questions the category of related things and their possible definition, and has been torn ever since between a sameness of properties or qualities, and a sameness of being one."

With the soup and sandwiches on the table, the group are seated around the colourful structure to eat.

After dinner Michael gets up and from the store room brings a coffee grinding mill and a jar of coffee beans. He leans on the edge of the table to grind the beans. Pausing momentarily so as to be audible over the machine, he stands and says:

"Coffee was first discovered by the Ethiopian goat-herd Kaldi, who noticed that his goats, upon eating berries from a certain tree, became so spirited that they did not want to sleep at night. Dutifully reporting his findings to the abbot of the local monastery, Kaldi was scolded for 'partaking of the devil's fruit'. However, the monks soon learned how this fruit from the shiny green plant could help them stay awake for their evening prayers, and knowledge of the energising effects of the berries began to spread. Istanbul was introduced to coffee in 1543 during the reign of Sultan Suleiman the Magnificent by Özdemir Pasha, the Ottoman Governor of Yemen, who had grown to love the drink while stationed there. However, the drink was soon utilised for its energising effects on the large slave population under Ottoman rule, to make them work harder and longer hours. In the Ottoman palace a new method of preparing it was discovered: the beans were roasted over a fire, finely ground and then slowly cooked with water on the glowing ashes of a charcoal fire."

Michael returns to the mill and finishes grinding the beans. He places spoonfuls of coffee and sugar into five small ceramic cups without handles on a tray.

"Grinding the coffee also allowed it to be transported in a way that it could not be planted or grown by others than those controlling the coffee and slave trades." Michael boils water at the stove, pours it into the cups, and brings the tray to the table. The drinks are passed around the group.

"Ground coffee was transported in sacks throughout the Ottoman Empire, and became both an instrument of control, and a sophisticated, if addictive, delicacy. It is only after their defeat at the siege of Vienna, in 1529, that sacks of whole unroasted Ottoman coffee were left behind to be discovered by the Austrians, who started their own highly lucrative coffee commerce."

Céline drinks from her cup, sipping until it becomes impossible to drink more. She flips the cup over and puts it down on a plate. The remains of the coffee grounds settle and dry in the cup.

Michael takes the inverted cup and holds it up. "This bell rang the signal of insurrection in Uglich, Russia, on 15 May 1591, the day that exiled ten-year-old Prince Dimitri, second son of Ivan The Terrible, was found dead with his throat cut open. Tried for treason and found guilty, the bell was sentenced to perpetual banishment in Siberia where it was sent with other convicts. The ruling also determined that the culprit be silenced by having its tongue removed, which was also exiled."

"After 299 years in solitary confinement in Tobolsk the bell was partially purged of its iniquity by conjuration and re-consecrated and suspended in the tower of a church in the Siberian capital. However, it still took a few years for it to be fully pardoned and returned to its original home in Uglich, where it was hung in St Demetrius of the Spilled Blood, the church erected on the exact spot where Prince Dimitri had been found and the crime of his murder committed."

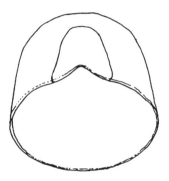

Valentina takes the cup from Michael and places it on the table to study the formation of the residual grounds. With her gaze fixed on the cup, she begins to decipher the grounds in the tasseographic tradition, reading aloud to the group: "Standing on the elastic floor of this place, tall walls would surround you, awash with dark outlines, which like old paintings show images and hide stories." Valentina slowly rotates the cup as she interprets the marks.

"This is a story of reversals, in which a situation is heightened, like an image growing in intensity, and in this way another situation — or another image perhaps — is made to appear."

Her attention is drawn by a subtle formation in the grounds. "The circumstances were created by a large figure, a grand character, perhaps a big man, who had the ability to feed the future into the past. A visionary one might say."

"But someone, a woman, is in the way, watching the events unfold. Her arms are crossed; she is unwilling, or maybe unable to act. Perhaps there is little she can do, but she is standing in the present. She is our vantage point, the position through which this story is made visible."

"It is the contrast between these two positions that intensifies, which allows attention to shift to the clear gaps between them, which become pathways, and spaces in their own right."

"Far in the past there is a nest of snakes, empty spaces that are now alive and sliding, as they probably always were but had gone unseen, negative spaces becoming positive. Snakes stand for strong relationships, and they are also just what they are: emerging figures, revitalised gaps."

"Previously hidden, they now swarm, moving things around, spreading agitation amongst other faint dark figures that live in a recent past. Their work is one of revitalisation, breathing new life through gaps and in-between spaces; this stimulates social, intellectual, and affective relations and is both a force for and a threat to previously existing, sedimented structures."

Looking up from the cup, Valentina concludes her reading: "A snake is biting the grand figure of the man from behind. It may be a necessary betrayal of categories, or perhaps machinery fuelled by minor doses of venom, but we are yet to find out if this is a story of reversal as change, or as that which was always already there."

# In einer parallelen Wirklichkeit

Die Schule. Der Hörsaal.
Die Decke. Der Boden. Die
Anordnung der Stühle — acht
Reihen zu acht Stühlen — ein
Denkmuster.

Die Möblierung des Hörsaals
— ein Ensemble aus Stühlen
sowie vereinzelten Tischen
und Lampen — erinnert an die
für staatliche Institutionen in
der ehemaligen DDR typische
Einrichtung.

Das Publikum. Ich blicke direkt
ins Publikum und beginne zu
sprechen.

• Bitte schalten Sie Ihr Handy
auf lautlos.
• Im Hörsaal ist das Rauchen
nicht gestattet.
• Die Vorlesung gliedert
sich in zwei Blöcke mit einer
zwanzigminütigen Pause.
• Stellen Sie Fragen.
• Passen Sie den richtigen
Moment ab, um Ihre Frage zu
stellen.
• Wenn Sie den Hörsaal
verlassen, nutzen sie den
hinteren Ausgang.
• Die Toiletten befinden sich im
Untergeschoss.
• Waschen Sie sich die Hände.

## Für den Verstand ist Materie formbar

Im Hörsaal der Galerie für Zeitgenössische Kunst Leipzig, am Freitag, dem 8. November 2013. Eine Frau tritt ein und setzt sich auf den letzten Platz in einer Reihe von acht Stühlen. Sie hat einen hellgrauen Kapuzensweater und blassblaue Jeans an. Sie legt eine Baumwolltragetasche auf den Boden neben eines der Stuhlbeine. Eine Vorlesung beginnt. Nach einiger Zeit nimmt sie eine DIN-A4-Kladde und einen Filzstift aus der Tasche und beginnt, in der Kladde auf ihren Knien Notizen und Zeichnungen zu machen. Etwas später legt sie den Stift auf die Kladde und holt einen Schokoriegel aus der Tasche. Sie reißt die Verpackung auf und beißt in den Riegel. Das Rascheln der Verpackung erregt Aufmerksamkeit im Hörsaal. Mehr Zeit vergeht. Sie schläft ein, das Kinn auf die Brust gesenkt.

A school for design fiction. Unter Design Fiction (in der gleichen Betonung gelesen wie Science Fiction) versteht man ein Objekt, das — ob seiner Beschaffenheit, Funktionalität oder Konzeption — bislang nicht zu verwirklichen ist. Häufig überträgt Design Fiction unsere Vorstellung von Design auf eine ferne Zukunft. Hier und heute wollen wir auch Objekte aus der Vergangenheit berücksichtigen und uns Objekte aus parallelen Realitäten vorstellen.

## Warum ist das nicht machbar?

Coates' Druckerei, Salisbury, England, im Juni 1836. Der Architekt Augustus Pugin betritt die Werkstatt mit einer dünnen Mappe unter dem Arm. Diese enthält eine einzelne Kupferstichplatte der letzten Illustration seines Buches, das sich gerade im Druck befindet. „Contrasts: or, A Parallel Between the Noble Edifices of the Middle Ages, and Corresponding Buildings of the Present Day; Shewing the Present Decay of Taste, Accompanied by Appropriate Text" wird Pugins erste bedeutende Veröffentlichung sein. Er hat als Architekt bereits einige Aufträge ausgeführt und erhofft sich von dem Buch ein gesteigertes Interesse an seiner kühnen Vision von Architektur.

Er nimmt die Platte aus der Mappe. Das Bild zeigt eine kunstvoll illustrierte Waage vor einem kreisförmigen Hintergrundmotiv. Entlang der Außenlinie des Kreises finden sich die Wörter: „Sie wurden gewogen und für mangelhaft befunden." In den Waagschalen stehen zwei Kirchen. Das linke Gebäude ist mit „neunzehntes Jahrhundert" und das rechte mit „vierzehntes Jahrhundert" beschriftet. Die Waage neigt sich entschieden nach rechts und veranschaulicht damit Pugins Auffassung, wonach die von ihm so hoch geschätzte mittelalterliche Architektur die zeitgenössische in jeder Hinsicht übertrifft. Coates nimmt die Platte entgegen und lobt die Gestaltung, ohne recht überzeugt zu sein.

Nachdem er nun das letzte noch fehlende Element abgeliefert hat, widmet sich Pugin den Fortschritten der laufenden Produktion. Er bekommt gedruckte, gefaltete und sortierte Bögen der vollständigen Textabschnitte sowie eines Großteils der Abbildungstafeln im Buch vorgelegt. Ungeduldig blättert er durch die Textseiten und äußert höflich eine Reihe wohlwollender Kommentare zum Schriftsatz, bevor er endlich bei den Illustrationen angelangt ist.

Beim Anblick der Seite mit den ersten zwei Stichen zeigt sich Pugin irritiert. Es handelt sich um eine vergleichende Darstellung von Altarretabeln — einem mittelalterlichen aus der Abtei von Durham (1430) und einem zeitgenössischen aus der Kathedrale von Hereford (1830). Ersteres ist aufwendig, detailreich und um eine wohlarrangierte Gruppe Betender ergänzt. Das unscheinbare Retabel auf der zweiten Illustration ist dagegen von gewöhnlicher Schlichtheit und befindet sich in einem menschenleeren Raum. Die zwei Bilder, beide im selben Hochformat, sind zu Pugins Überraschung um neunzig Grad gedreht auf ein und derselben Blattvorderseite angeordnet. Die Rückseite ist nicht bedruckt.

„Warum sind die zur Seite gekippt?", ereifert sich Pugin. „Das entspricht nicht meinen Vorgaben." Der Ausbruch kommt nicht ganz unerwartet für Coates, der bemüht ist, sich zu erklären. „Mr Pugin, Sir, Ihr Einwand ist mir wohl

bewusst, aber Sie müssen bitte verstehen, dass unsere Werkzeuge uns Grenzen setzen. Ihre Vorgabe war ein kräftiges, klares Schwarz zur Betonung des Detailreichtums in Ihren Darstellungen der mittelalterlichen Gebäude. Um das zu erreichen, hinterlässt unsere Druckpresse einen derart starken Abdruck auf dem Papier, dass es unmöglich ist, die Rückseite des Blattes zu bedrucken, ohne die Seite zu beschädigen."

Nachdem Pugin mehrere Kupferstichpaare begutachtet und festgestellt hat, dass sie alle demselben Format folgen, erhebt er entschieden Einspruch. „Coates, es liegt in meiner Absicht, die prächtigsten Beispiele mittelalterlicher Architektur den kläglichen Gebäuden unserer Zeit gegenüberzustellen. Die Eröffnungsseiten der Kapitel sollten dieses Anliegen transportieren. Warum also nicht jedes dieser kontrastierenden Bildpaare auf einer Doppelseite so arrangieren, dass sie durch den Bund getrennt werden?"

Während Coates, der nicht mit einer so unnachgiebigen Reaktion gerechnet hat, noch versucht, eine Antwort zu formulieren, lässt Pugin seinen Gesprächspartner stehen und schreitet quer durch die Werkstatt zu einem großen Tisch, auf dem Coates' Assistent die gedruckten Bögen stapelt. Von diesen Stapeln nimmt sich Pugin ein Exemplar jeder Illustrationsseite und beginnt, diese von Hand in der Seitenmitte zu falten, sodass der Falz immer exakt zwischen den beiden Bildtafeln verläuft.

„Auf diese Art müsst ihr sie falten", weist er Coates an und zeigt ihm das Bündel auf halbe Größe gefalteter Seiten. „Sie sollen mit äußerster Umsicht in die Bindung gehetet werden." „Aber Mr Pugin", wirft Coates ein, „so wird der Buchblock keine gefällige Form finden." Pugin, der bereits dem Assistenten demonstriert, was dieser zu tun hat, dreht sich um und erwidert: „Ich hege keinen Zweifel daran, dass dieses Buch ein Ungetüm wird."

Ich wende mich zur Seite. Meine Gesichtshaut ändert ihre Struktur, manche Stellen straffen sich und andere bilden kleine Falten, während meine Höflichkeit das, was auf der Haut existiert, in eine neue Gestalt zwängt, die immer noch mein Gesicht ist. Da existiert noch etwas anderes auf der Haut, allerdings nicht sichtbar. Oder existiert es in Gedanken? An der Wand ist ein riesiger Spiegel ... eins, zwei ... fünf Platten, dicht beieinander, bündig angeordnet, um die Illusion eines einzigen Spiegels zu erzeugen. Der gesamte Hörsaal wird reflektiert. Das Publikum sieht aus wie das Publikum, an das ich mich von gerade eben erinnere. Aber da ist etwas kaum Wahrnehmbares, das ich ... wie Gesichter, die ich schon einmal gesehen habe, bei denen ich mir aber nicht sicher bin, ihnen begegnet zu sein.

# Für den Verstand ist Materie formbar

Nach einer Pause betritt die Frau den Hörsaal, kehrt an ihren Platz zurück, legt die DIN‑A4‑Kladde auf ihren Stuhl und setzt sich auf die Kladde. Sie hat den hellgrauen Kapuzensweater und die blassblauen Jeans an. Sie legt die Baumwolltasche auf den Boden neben eines der Stuhlbeine. Eine Vorlesung beginnt. Nach einiger Zeit nimmt sie einen Filzstift aus der Tasche und beginnt, auf ihrer Hose Notizen und Zeichnungen zu machen. Die Kladde ist auf dem Stuhl zu sehen. Etwas später legt sie den Stift in die Tasche und holt einen Schokoriegel aus der Tasche. Sie reißt die Verpackung auf und beißt in den Riegel. Das Rascheln der Verpackung erregt Aufmerksamkeit im Hörsaal. Mehr Zeit vergeht. Sie schläft ein, das Kinn auf die Brust gesenkt.

Jetzt habe ich in der vordersten Reihe Platz genommen und wohne der Vorlesung bei. Ich hebe die Hand und stelle eine Frage. Wenn wir unser Gehirn als real existierende Tatsache in einer deterministischen Welt anerkennen, folgt dann daraus, dass unser Handeln vorherbestimmt ist?

# Zwei Augen, Ohren,
# Nasenlöcher, Gehirne

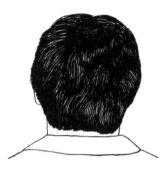

Ein Privathaus in Downey, Kalifornien, im August 1953. Ein Mann — in der Fachliteratur als „W. J." oder „Fall eins" bezeichnet — hat einen epileptischen Anfall. Er grimassiert, murmelt vor sich hin und stößt immer wieder die gleichen Worte hervor. „Hau ab. Hau ab. Hau ab ..." Diese Auraphase des Anfalls löst bei ihm ein Gefühl von Déjà-vu und drohendem Unheil aus. Seine Sicht verzerrt sich, Erscheinungen blockieren sein Blickfeld.

W. J. ist ein amerikanischer Kriegsveteran. Im September 1944 sprang er aus einem Flugzeug über Eindhoven ab, sein Fallschirm öffnete sich nicht und er stürzte in ein Waldgebiet, erlitt ein schweres Schädelhirntrauma und mehrere Brüche am linken Bein. Scheinbar Tage später erwachte er in einem deutschen Internierungslager, wo er geschlagen wurde und Hunger litt. Seit seiner Rückkehr aus Europa hat sich seine Verfassung verschlechtert. Immer wieder

leidet er unter Gedächtnisverlust — kürzlich kam er achtzig Kilometer von seinem Zuhause entfernt zu Bewusstsein, ohne sich erinnern zu können, wie er dorthin gelangt war. Täglich wird er von chronischen Spasmen geschüttelt. Seine Haut ist fahl und angegriffen infolge der Mangelernährung. An Kopf und Händen hat er Blutergüsse und Verbrennungen von den Stürzen während seiner Anfälle. Um ein halbwegs normales Leben zu führen, ist er auf zahlreiche Medikamente angewiesen: Phenytoin, Primidon, Phenobarbital, Chlorpromazin, Thrimetadion und Ethosuximid.

Nach mehreren Minuten der Orientierungslosigkeit folgt auf die Auraphase eine tonische Phase. Die epileptische Aktivität breitet sich aus und führt zu einer Rückkopplung zwischen W. J.s Hirnhälften. Er verliert das Bewusstsein und seine Atmung setzt kurzzeitig aus.

Das California Institute of Technology in Pasadena, im Juni 1954. Im Kellergeschoss führt in einem Operationssaal mit angrenzendem Büro eine Gruppe junger Chirurgen im Rahmen eines Forschungsprogramms ein Experiment durch, bei dem die beiden Hemisphären des Gehirns lebender Säugetiere voneinander getrennt werden. Ratten, Katzen und Affen. Der Assistent eines Chirurgen spannt den Kopf einer anästhesierten Katze in einen Fixateur. Er zieht die Schrauben an und schwenkt ein an der Wand befestigtes Stereomikroskop über dem Tier in Position. Er dreht sich herum, um eine Reihe von Instrumenten aus Edelstahl auf einem rollbaren Tisch zu arrangieren. Die Instrumente scheinen vertraut, es sind Modifikationen üblicher chirurgischer Werkzeuge — Skalpelle, Spatel und Absauger.

Der Chirurg betritt den Operationssaal, trifft einige Routinevorbereitungen und beginnt mit der Operation. Mit einem Zahnbohrer bohrt der Assistent vier quadratisch angeordnete Löcher in den Schädel der Katze. Mit einer Knochensäge sägt er von Loch zu Loch, öffnet ein Stück des Schädels, klappt es nach hinten und fixiert es. Der Chirurg zieht die beiden Hirnhälften auseinander und führt dazwischen ein Spekulum ein. Fast augenblicklich tritt Flüssigkeit und Blut aus und nimmt dem Chirurgen die freie Sicht. Der Assistent setzt den Absauger an, aber die Prozedur dauert zu lange und die Öffnung füllt sich mit Flüssigkeit. Als der Chirurg trotz der eingeschränkten Sicht mit der Operation fortfährt, durchtrennt er versehentlich den dritten Ventrikel. Durch den entstandenen

Hirnschaden ist das Versuchsobjekt für das Experiment nicht mehr von Nutzen, und die Operation wird abgebrochen. Der Assistent reinigt den Operationsstuhl und entsorgt das Tier.

November 1960. Im Operationssaal der Caltech näht der Assistent vorsichtig das Auge eines anästhesierten Affen zu. Während er arbeitet, hört er zufällig ein Gespräch mit: Im Büro telefoniert der Chirurg mit einem Kollegen am White Memorial Hospital in Los Angeles.

„Joe, wir sind mit dem Prozedere beträchtlich vorangekommen, und unsere Überlebensrate wird immer besser. Die Tests sind in der heißen Phase. Wir haben bereits diverse Abhandlungen zu unseren Tierversuchen publiziert." „Du hast sie gelesen? Großartig."

„Wir wissen jetzt, dass vom rechten Auge empfangene Reize in der linken Hemisphäre verarbeitet werden — und umgekehrt. Doch wenn der Corpus Callosum, der die beiden Hälften des Gehirns verbindet, durchschnitten ist, reagiert das Tier, als hätte es zwei getrennte Gehirne, isoliert, aber voll funktionsfähig. Dem Versuchsobjekt kann antrainiert werden, eine einfache Mustererkennung mit geöffnetem rechten und geschlossenem linken Auge auszuführen. Bei umgekehrter sensorischer Wahrnehmung — linkes Auge offen, rechtes geschlossen — muss das Tier die Übung völlig neu erlernen."

„Wir würden den Versuch am Menschen gerne zeitlich vorziehen. Wir haben einen Kandidaten. Seine Epilepsie ist das Resultat eines spezifischen Traumas. Abgesehen davon ist er völlig normal, intelligent und aufgeweckt. Man hat keine andere Lösung gefunden, seine Anfälle in den Griff zu kriegen."

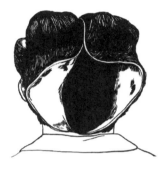

„Aber ja. Wundervoll, wir werden einen präoperativen Test und ein Beratungsprogramm für ihn vorbereiten."

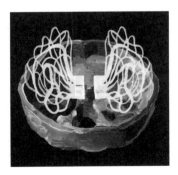

Juli 1965. Der Assistent setzt einen Lieferwagen rückwärts in die Auffahrt von W. J.s Wohnhaus. Hinten im Fahrzeug wurde eine maßgefertigte neurologische Testapparatur installiert. Der wichtigste Teil des Gerätes ist eine Konsole mit einem verstellbaren Bildschirm. Auf diesen Bildschirm können Dias so projiziert werden, dass sie nur für das jeweils rechte oder linke Auge des Patienten sichtbar sind. Unterhalb des Schirms, für den Patienten nicht sichtbar, aber mit seinen Händen zu erreichen, befindet sich eine Plattform, auf der kleine Objekte platziert werden können. Gegenüber dem für den Patienten vorgesehenen Platz ist ein zweiter Sitz montiert, mit Zugriff auf den Diaprojektor und eine Tastatur zur Erfassung der Testergebnisse.

W. J. tritt aus dem Haus, und während er vorsichtig die Auffahrt überquert, wird er von dem Chirurg gestützt. W. J. hat sich seine Tageszeitung unter den Arm geklemmt. In eine angeregte Diskussion vertieft, steigen die beiden durch eine große seitliche Schiebetür in den Lieferwagen. W. J. und der Assistent begrüßen sich, und der Assistent weist ihm den Weg zur Konsole, aber W. J. hat sich schon wieder dem Chirurgen zugewandt, um das Gespräch fortzusetzen. „Die Detailtreue ist außergewöhnlich. Man kann tatsächlich die Landschaft da oben erkennen. In der Zeitung habe ich etwas über die Bordkamera gelesen. Sie wiegt offenbar über zwanzig Kilo."

Der Chirurg antwortet mit einem Nicken. Er öffnet das Fenster hinten im Lieferwagen, während W. J. weiterspricht. Irgendwann sitzt der

111

Proband schließlich an der Konsole, der Assistent richtet den Bildschirm auf ihn aus, und der Test beginnt.

Nacheinander erscheint eine Reihe von Bildern vor W. J.s rechtem Auge:

Nach jedem Bild fragt der Chirurg W. J.: „Was haben Sie gerade gesehen?"

„Einen Stein."

„Einen Würfel."

„Eine Katze."

„Sehr gut", sagt der Chirurg, „alles korrekt und so weit ganz normal." Der Assistent steht auf und stellt den Bildschirm auf W. J.s linkes Auge ein.

„Hatten Sie in der letzten Zeit Anfälle, Walter?", fragt er. „Einen kurzen, letzten Monat. Nichts Gravierendes. Seit über drei Jahren hat sich kaum etwas geändert." „Und wie geht es Ihnen sonst so, hatten Sie irgendwelche Probleme, ist irgendetwas Ungewöhnliches passiert?", hakt der Chirurg nach. W. J. tätschelt mit der rechten Hand sein rechtes Bein und sagt: „Ich

habe so ein Zucken auf dieser Seite. Mehrmals täglich. Und da wäre noch die unruhige Hand." Der Chirurg mustert W. J.s linke Hand. „Ach ja, die Geisterhand. Mir ist aufgefallen, dass Sie eine neue Narbe haben. Wo haben Sie die her?" „Ich wollte einen Apfel vierteln, und die Hand hat nach ihm gegriffen, damit ich hineinbeißen konnte." „Sie können das nicht bewusst kontrollieren?" „Manchmal verliere ich die Kontrolle darüber, wie bei einer Signalstörung."

„Sie müssen diese Tests inzwischen eigentlich blind beherrschen", scherzt der Assistent. Der Chirurg unterbricht ihn in ernstem Ton: „Der erste Test und auch die beiden folgenden dürften Ihnen bekannt vorkommen. Sie dienen dem Nachweis der lokal begrenzten Funktionen in den beiden Hemisphären Ihres Gehirns. Wir erwarten, zu sehen, dass die sprachliche Reaktion in der linken Hemisphäre und die taktile Reaktion in der rechten Hemisphäre stattfindet. Aufgrund Ihrer Operation sollte es keinen Austausch zwischen den Hemisphären geben. Sie erkennen Objekte, die Sie mit dem linken Auge sehen, aber Ihre rechte Hemisphäre ist nicht in der Lage, das Erkannte verbal zu artikulieren, weil dafür Informationen an die linke Hemisphäre weitergeleitet werden müssten. Was bei Ihnen nicht möglich ist."

Die Präsentation erfolgt nun umgekehrt. Nacheinander erscheint eine Reihe von Bildern vor W. J.s linkem Auge.

Wieder fragt der Chirurg nach jedem Dia: „Was haben Sie gerade gesehen?" W. J. reagiert zögerlich.

„ "

„Da war ein Lichtblitz."

„Ich habe nichts gesehen."

Scheinbar ungerührt wiederholt der Chirurg die Prozedur. Wieder erscheint eine Reihe von Bildern vor W. J.s linkem Auge.

Immer wenn ein Bild erscheint, weist der Chirurg W. J. an, ausschließlich seine rechte Hand zu nutzen, um das Objekt im Bild aus einer Auswahl von Gegenständen auf der für ihn nicht sichtbaren Plattform unterhalb des Bildschirms durch Ertasten zu identifizieren.

W. J. identifiziert den Würfel.

W. J. identifiziert den Schlüssel.

W. J. identifiziert den Stein.

„Gut gemacht, Walter", sagt der Chirurg. „Dann lassen Sie uns doch gleich zum interessanten Teil übergehen." Der Assistent richtet den Bildschirm aus. Zwei Bilder werden unmittelbar hintereinander gezeigt. Eins vor dem linken Auge:

Und nachdem der Bildschirm sofort darauf zur Seite bewegt wurde, ein zweites Bild vor dem rechten Auge:

Dieser Versuchsanordnung folgend, erscheint ein einzelnes Bild mit mehreren Objekten vor W. J.s rechtem Auge. Der Assistent fragt ihn: „Walter, sehen Sie ein Objekt, das Sie mit einem der Gegenstände assoziieren, die wir Ihnen eben gezeigt haben?" W. J. zögert ein paar Sekunden.

„Eine Tür."

Danach führt der Assistent W. J.s rechte Hand zu der Plattform und bittet ihn, ein Objekt zu identifizieren, das er mit dem Bild in Verbindung bringt, welches er gerade mit seinem linken Auge gesehen hat. Der Reihe nach tastet W. J. jedes der Objekte ab.

W. J. identifiziert die Plüschkatze.

Der Chirurg fragt W. J.: „Warum haben Sie sich für dieses Paar entschieden, Walter? Worin besteht die Verbindung?" W. J. zögert einige Sekunden und sagt dann: „Die Katze kratzt an der Tür, um hereingelassen zu werden." Chirurg und Assistent tauschen einen verstohlenen Blick aus. „Und warum haben Sie vorhin das Fenster im Lieferwagen geöffnet?" „Oh, ich brauchte etwas frische Luft", antwortet W. J.

Nachdem die Tests für den Tag beendet sind, sitzen die drei Männer um den Tisch in W. J.s Garten bei einem Getränk beisammen. Der Chirurg sagt: „Eigentlich, Walter, habe Sie die Tür gewählt, weil sie mit dem Schlüssel assoziiert ist, den wir Ihrer linken Hemisphäre gezeigt haben." W. J. nickt. „Und die Katze haben Sie gewählt, weil sie mit der Milchflasche assoziiert ist, die wir Ihrer rechten Hemisphäre gezeigt haben." W. J. wirkt verwirrt. „Dass Ihre getrennten Hemisphären die Information, auf der Ihre Entscheidungen basierten, nicht austauschen konnten, führte zu einem Gefühl der Konfusion."

„Ihre linke Hemisphäre erfand daraufhin die Geschichte mit der Katze an der Tür, um diese Konfusion zu kompensieren." „Und erinnern Sie sich, dass ich Sie fragte, warum Sie das Fenster geöffnet haben?" „Natürlich", sagt Walter. „Nun, Sie haben es gar nicht geöffnet. Das war ich. Aber um die Wahrnehmungsstörung zu verschleiern, erfindet Ihre linke Hemisphäre eine Begründung für die Handlung, von der sie annimmt, Sie hätten sie ausgeführt." W. J. schweigt. Mit gerunzelter Stirn starrt er die Tischplatte an. In aufmunterndem Ton fährt der Chirurg fort: „Dieses Phänomen ist uns in Ihren Tests schon vorher aufgefallen, aber wir glauben, die Daten jetzt gut genug zu verstehen, um die Ergebnisse publizieren zu können."

„Wir nennen es den ‚Interpreten'", verkündet der Chirurg. „Wir glauben, dass es nur in der linken Hemisphäre des menschlichen Gehirns existiert, und es hat offenbar die Funktion, zu entscheiden, auf welche der vielen Wahrnehmungsströme, die es erhält, das Gehirn für sein mentales Abbild der Realität zurückgreift. Das geschieht, ohne dass wir es merken. Bevor wir uns unserer Wahrnehmungen überhaupt bewusst sind, filtern und verarbeiten unsere Gehirne sie, um eine Anmutung der Realität zu konstruieren, die mit unserer Identität und persönlichen Geschichte im Einklang steht." Der Assistent sieht W. J. bekräftigend an, den das Gehörte wirklich zu faszinieren scheint.

„Es ist schwer zu sagen, wie sich das entwickelt hat", setzt der Chirurg seine Ausführung fort. „Meine Theorie lautet, dass es ein Nebenprodukt des Gedächtnisses ist. Unsere Fähigkeit, uns an Ereignisse aus unserem Leben zu erinnern, ist erstaunlich, aber unserem Gehirn ist es nicht möglich, jedes Detail jedes Augenblicks, den wir erleben, zu speichern. Also brauchen wir ein Verfahren, um zu entscheiden, was wichtig ist — einen Filtermechanismus, der das Signalfeuer unserer Wahrnehmungen in unsere Vorstellung von der Realität als kontinuierliche und überzeugende Geschichte übersetzt. Ich glaube, hier liegt der Ursprung des ‚Interpreten'. Er spinnt den Faden, der unsere Erinnerungen an die Welt da draußen miteinander verbindet."

W. J. greift nach der Zeitung auf dem Tisch und hält sie vor sein Gesicht, um dem Chirurgen und dem Assistenten das Titelblatt zu zeigen. Darauf ist ein ganzseitiges Foto von der erdabgewandten Seite des Mondes zu sehen — aufgenommen von der russischen Raumsonde Zond. Er scherzt: „Demnach wären wir also die Märchenerzähler des Universums!"

# Für den Verstand ist Materie formbar

Nach einer Pause betritt die Frau den Hörsaal und setzt sich wieder auf den letzten Platz in einer Reihe von acht Stühlen. Sie hat den hellgrauen Kapuzensweater und die blassblauen Jeans an. Sie legt die Baumwolltasche auf den Boden neben eines der Stuhlbeine. Eine Vorlesung beginnt. Nach einiger Zeit nimmt sie eine DIN-A4-Kladde und einen Filzstift aus der Tasche und beginnt, in der Kladde auf ihren Knien Notizen und Zeichnungen zu machen. Etwas später legt sie den Stift auf die Kladde und holt einen Schokoriegel aus der Tasche. Ohne sie zu öffnen, beißt sie in die Verpackung des Riegels. Das Rascheln der Verpackung erregt Aufmerksamkeit im Hörsaal. Nach einiger Zeit legt sie den Rest des Riegels in die Tasche und schläft ein, das Kinn auf die Brust gesenkt.

Die Stühle werden zu einer Kreisformation umgestellt. Ich gleite sozusagen durch den Raum. Außerhalb des Kreises stehend, gleite ich langsam auf dessen Mitte zu, während ich laut aus Buckminster Fullers „Synergetics: Explorations in the Geometry of Thinking" (1975) vortrage.

Eine Grafik meiner gedanklichen Sphären. Der Schichten des Denkens. Das Gedachte ist die Haut, die Hülle der Sphäre. Darin: eine innere Sphäre, die das Prosaische enthält.

Über mir traten die
Sterne aus dem Dunkel.

Außerhalb der Sphäre befindet
sich die endliche Äußerlichkeit,
ein Makrokosmos der
Unwesentlichkeit.

Der äußere Stuhlkreis ist
das lockende annähernd
Wesentliche. Annähernd. Eine
definitive Konvexität.

Der innere Stuhlkreis ist das
Endgültige. Das eindeutig
Wesentliche.

Wir erreichen die endliche
Innerlichkeit. Den Mikrokosmos
der Unwesentlichkeit.

Unter mir sah ich
durch das Felsgestein
verschüttete
Gräberfelder
verschwundener Arten.

Tief hinab, bis in den
eisernen Erdkern hinein.

Durch die
Gesteinsschichten,
in ewiger Nacht, sah
ich Sonne und Sterne
vereint.

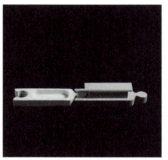

Ich sah, wie in entlegenen Regionen Zivilisation entstand.

Die primitiven Lebensumstände dort hemmten das geistige Wachstum.

Ich erreiche die Mitte und inspiziere den Raum. Denken ist Frequenzmodulation: endliche Unwesentlichkeiten, die sich in zwei Klassen ablegen lassen: Mikro und Makro. Was bleibt, das restliche definierte System, ist das eindeutig Wesentliche. Ich ziehe mich an die Außengrenze des Kreises zurück.

Noch einmal. Von der Außengrenze ins Zentrum. Die endliche Makro-Unwesentlichkeit.

Das Äußere. Zu groß. Zu vereinzelt.

Einwärts bewegend. Annähernd ... eindeutig wesentlich.

Ein uraltes Artefakt
wurde entdeckt.

Die hochentwickelte
Gesellschaft seiner
Schöpfer hatte keine
weiteren Spuren
hinterlassen.

Der Ring ist die Endgültigkeit.
Das eindeutig Wesentliche.

Dann annähernd ...
Die Mitte. Endlich. Mikro-
Unwesentlichkeit. Zu klein. Zu
vereinzelt.

Wieder ziehe ich mich zurück
und mache mich für eine letzte
Bewegung bereit.

Seine Botschaft würde viele tausend Jahre brauchen, sich selbst darzulegen.

Ein einziger Designer wäre kaum imstande, sämtliche Feinheiten eines solchen Objektes zu kreieren.

Ein Wissen, angehäuft über Generationen.

Die Möblierung des Hörsaals ist ein Kunstwerk von Till Exit, es heißt „Weltall Erde Mensch". Das ist der Titel eines Buches. Ich nehme das Buch von einem neben mir stehenden Tisch und beginne daraus vorzulesen.

Das Buch ist das Buch der Wahrheit. Als 1954 die erste Auflage erschien, haben junge Leute das Werk freudig gelesen, weil sie die Wahrheit über Ursprung und Entwicklung des Universums, der Erde und der menschlichen Rasse erfahren wollten. Das Buch zeigt auf, wie die Menschheit sich über Jahrhunderte vom Zustand des Tierseins löste, wie wir mit Hilfe unserer Hände unsere Lebensumstände veränderten und uns nach hunderttausenden von Jahren des Kampfes gegen die Mächte der Natur und reaktionäre gesellschaftliche Kräfte von Sklaven zu Meistern der Natur aufschwangen.

Wobei es eine Vielzahl unterschiedlicher kosmischer Historien schuf.

121

Ausgestorbenen
Geschöpfen gleich für
wissenschaftliche
Belange konserviert.

Auf Mystizismus, Aberglauben
und Idealisierung fußende
Weltentwürfe sind unnötig.
Es ist wissenschaftlich belegt,
dass das Erscheinungsbild
dieser Welt transparent ist
und keines ihrer Geheimnisse
ewig währt. Was sich unter
ihrer Haut verbirgt, wird an
die Oberfläche kommen. Was
heute noch verborgen ist,
wird uns morgen ganz sicher
bekannt sein.

## Für den Verstand ist Materie formbar

Die Frau betritt den Hörsaal, kehrt auf ihren Platz zurück, legt die DIN-A4-Kladde auf ihren Stuhl und setzt sich auf die Kladde. Sie hat den hellgrauen Kapuzensweater dabei und blassblaue Jeans an. Sie legt das Sweatshirt in ihren Schoß. Sie legt die Baumwolltragetasche auf den Boden neben eines der Stuhlbeine. Eine Vorlesung beginnt. Nach einiger Zeit schläft sie ein, das Kinn auf die Brust gesenkt. Etwas später wacht sie auf und holt den Schokoriegel aus der Tasche. Sie reißt die Verpackung auf und beißt in den Riegel. Das Rascheln der Verpackung erregt Aufmerksamkeit im Hörsaal. Mehr Zeit vergeht. Sie legt den Riegel in die Tasche, holt den Filzstift aus der Tasche und beginnt, auf dem Sweatshirt in ihrem Schoß Notizen und Zeichnungen zu machen. Die Kladde ist auf dem Stuhl zu sehen.

Mir fällt eine Markierung auf der Seite auf, die ich gerade vortrage. Bei näherer Betrachtung erkenne ich, dass sie sich nicht auf der Blattoberfläche befindet, sondern in die Fasern des Papiers eingebettet ist. Wie soll ich das interpretieren? Vielleicht ist es ein Zeichen? Die Fasern scheinen einen primitiven Pfeil zu bilden. Mein Blick folgt der von ihm angedeuteten Linie über die Buchseite und den Falz.

## Ein Toter spricht

Ein Studio für digitale Sprachproduktion in Edinburgh, Schottland, im Oktober 2013. Das Studio ist klein und unordentlich und im Gegensatz zu anderen Räumlichkeiten im Gebäude nicht dafür gedacht, Kunden zu empfangen. Auf einem Tisch in einer Zimmerecke ruht das Roboter-Modell eines menschlichen Kopfes auf einem Bücherstapel. Von vorn präsentiert der Roboter das überzeugende Erscheinungsbild eines Mannes Anfang fünfzig. Sein Gesicht besteht aus synthetischer Haut, und sein grau-blondes Echthaar ist zu einem Seitenscheitel frisiert. Seine Weichgummi-Lippen und -Augen sind kunstvoll von Hand bemalt. Die Maske sitzt auf einem Aluminiumgestell, ihre Gesichtszüge sind aus Gummi modelliert. Der Roboter trägt eine elegante, dunkelbraune und karamellfarbene Hornbrille.

Hinter dem Roboter befinden sich ein Computer und diverse

elektronische Komponenten. Drei Leiterplatten sind an einen auf einen schweren Mahagonisockel montierten altertümlichen Röhrenverstärker im Kopf des Roboters angeschlossen. Eine kurios anmutende Verbindung technischer Ästhetiken aus zwei verschiedenen Epochen. Im Gegensatz zu seinem Gesicht wirkt der Mechanismus des Roboters improvisiert. Die Leiterplatten hängen von grob verlöteten Drähten, und diverse gelockerte oder reparaturbedürftige Anschlüsse sind großzügig mit Klebeband fixiert. Ein Techniker korrigiert eine fehlerhafte Kabelverbindung zwischen dem Computer und einem Motor im Hinterkopf des Roboters, der eine synchronisierte Bewegung in seinem Kiefer auslösen sollte. Obwohl mit dem Roboter nicht wirklich vertraut, ist der Mann offenbar zu dem Schluss gekommen, dass die Ursache des Problems nicht das digitale Signal, sondern der Kiefer selbst ist, der in einer Art mechanischer Leichenstarre verharrt.

Während der Techniker verschiedene Schrauben am Gestell lockert, um die Blockade des Kiefers zu lösen, betritt ein zweiter Mann den Raum. Ein Wissenschaftler, dessen Forschungsinstitut den Roboter mittelbar in Auftrag gegeben hat. Die beiden sind sich zuvor nicht begegnet. Angesichts der Schwierigkeiten des Technikers, das Gestell zu justieren, ohne dass dieses nachgibt, greift der Wissenschaftler — offenbar ein wenig vertrauter mit der Konstruktion — entschuldigend ein. Dankbar kehrt der Techniker an den Computer zurück und erkundigt sich höflich nach Sinn und Zweck des Projekts.

„Das Design des Roboters folgt der Physiognomie des schottischen Autors Gilbert Adair", lautet die Antwort des Wissenschaftlers. „Adair ist vor zwei Jahren verstorben. Die Gestaltung des Gesichts basiert auf einer Fotografie, die auf dem Schutzumschlag der gebundenen Ausgabe seines Romans „Der Tod des Autors" von 1992 abgebildet ist. Ich studiere Adair für meine Doktorarbeit. Mein Thema ist eine bestimmte Laienschriftsteller-Szene: Fanfiction-Autoren, die man auch ‚continuator' nennt. Sie schreiben aus dem Wunsch heraus, die Geschichten anderer Autoren fortzusetzen oder bestehenden literarischen Welten weitere Details hinzuzufügen. Continuator sind häufig Science-Fiction-Liebhaber. Es gibt sehr viel Fan-Science-Fiction, die im Star-Trek-Universum angesiedelt ist …"

„Also hat Gilbert Adair Science-Fiction geschrieben?", fragt der Techniker.

„Oh, nein. Adair selbst hat nie Science-Fiction geschrieben. Er war ein seriöser Romancier und Kritiker. Aber alles, was er geschrieben hat, hat irgendwie damit zu tun, die Unternehmungen anderer Schriftsteller fortzuführen. Er schrieb eine Fortsetzung von Lewis Carrolls ‚Alice‘, er übersetzte Georges Perecs „La Disparition" — ein Roman ohne den Buchstaben ‚e‘ — und er verfasste eine englische Version von Roland Barthes' „Mythologies". Rein formal betrachtet alles bemerkenswerte Leistungen. Ich denke, es ging ihm darum, das postmoderne Moment zu verstehen, in dem er arbeitete. Einen Weg zu finden, sich auf das Werk jener zu beziehen, die ihm vorausgingen." Als er glaubt, die Aufmerksamkeit des Technikers zu verlieren, hält er kurz inne. „Aber das lässt ihn als viel zu trocken erscheinen. Eigentlich sind seine Werke sehr witzig und durchaus augenzwinkernd."

„Sie haben diesen Roboter also gemacht, damit er mit der Stimme Gilbert Adairs spricht?", fragt der Techniker nicht ohne Skepsis. „Ich bin hier so gut wie fertig. Haben Sie sich bereits entschieden, was die ersten von Roboter Gilbert gesprochenen Worte sein werden?"

„Die Entscheidung ist mir nicht leichtgefallen. Sollte er programmiert werden, sein eigenes Werk zu rezitieren, oder wäre es angemessener, ihn einen anderen Text lesen zu lassen? Letztlich fiel meine Wahl auf einen seiner eigenen Texte. Es ist die Eröffnungsszene des Romans ‚Der Schlüssel zum Turm'. Zwei Personen fahren auf einer abgelegenen Straße in der französischen Provinz in entgegengesetzte Richtungen. Es ist Nacht und es stürmt heftig. Nur einen Augenblick, bevor sie aneinander vorbeifahren würden, fällt der Blitz einen Baum, der die Straße zwischen ihren beiden Fahrzeugen blockiert. Die beiden Fremden analysieren ihre Lage, woraufhin einer dem anderen vorschlägt, die Wagen zu tauschen und die Reise jeweils im Fahrzeug des anderen fortzusetzen. Der gesprochene Text befindet sich auf dem USB-Stick."

Der Techniker verbindet den Stick mit dem Computer. Ein weiteres technisches Problem tritt auf. Das Programm hat sich aufgehängt, und der Rechner muss neu gestartet werden. Dieser Prozess dauert mehrere Minuten, in denen die beweglichen Teile im Gesicht des Roboters herabsacken. „Vermutlich passt ihm die Formatierung des USB-Sticks nicht", lautet der Kommentar des Technikers. Nachdem der Computer neu gestartet ist, läuft das Programm im Demonstrationsmodus und reagiert nicht auf Befehle. Der Roboter beginnt unerwartet zu sprechen. Zuerst vollführt er eine Sequenz langgezogener Vokale, dann zwei-, drei- und viersilbige Wörter, um schließlich in eine Art atemloses Geschnatter zu verfallen. Die Stimme ist verzerrt und die Stimmhöhe schwankt. Der Techniker fühlt sich bemüßigt, zu erklären, dass für eine künstliche Stimmsimulation hunderte Stunden Audiomaterial nötig sind, um überzeugende, natürlich wirkende Ergebnisse zu erzielen. Die existierenden Aufnahmen von Adairs Stimme sind allerdings nur wenige Stunden lang und von äußerst wechselhafter Qualität. Das Resultat ist eine seltsame Mixtur aus dem leicht manierierten, warmen schottischen Akzent des Autors und einer typischen Computerstimme.

Der Demonstrationsmodus ist abgeschlossen, und der Roboter liest nun willkürlich einen Text aus der Datenbank, mit der er verbunden ist. Zur Überraschung und Belustigung der beiden Männer liest er aus dem Dokument „speech_synthesis_recording_notes.doc", einem Leitfaden für Kunden des Aufnahmestudios. „Die Aufzeichnungen sollten in ruhiger Umgebung, bevorzugt in einem Tonstudio stattfinden. Sprecher sollten beim Vortrag fortlaufender Prosa aufgezeichnet werden. Jeder Text sollte mehrfach und in sämtlichen im Anhang beschriebenen emotionalen Intonationen gelesen werden …"

# Für den Verstand ist Materie formbar

Nach einer Pause betritt die Frau den Hörsaal, kehrt an ihren Platz zurück und setzt sich. Sie hat den hellgrauen Kapuzensweater und die blassblauen Jeans an. Sie legt die Baumwolltasche auf den Boden neben eines der Stuhlbeine. Eine Vorlesung beginnt. Sie schläft ein, das Kinn auf die Brust gesenkt. Nach einiger Zeit nimmt sie eine DIN-A4-Kladde und einen Filzstift aus der Tasche und beginnt, in der Kladde auf ihren Knien Notizen und Zeichnungen zu machen. Etwas später legt sie den Stift auf die Kladde und holt einen Schokoriegel aus der Tasche. Sie reißt die Verpackung auf und beißt in den Riegel. Das Rascheln der Verpackung erregt Aufmerksamkeit im Hörsaal. Mehr Zeit vergeht. Etwas später wacht sie auf.

Ich lande bei einer zweiten Markierung, die offensichtlich gedruckt ist. Vielleicht ist sie das zufällige Ergebnis einer Staubflocke auf der Druckplatte? Oder ist sie vorsätzlicher Natur? Verweist sie auf ein Schema, das mir entgangen ist? Ich suche die Seiten nach weiteren, ähnlichen Zeichen ab.

# Danach, in der Mensa

November 2013. Eine Gruppe von fünf Personen trifft am Café der Galerie für Zeitgenössische Kunst in Leipzig ein. Es sind die Künstlerin Céline Condorelli, die Direktorin der GfZK Franciska Zólyom, die Kunstproduzenten Lars Bergmann und Michael Hahn sowie die Performerin Valentina Desideri. Sie unterhalten sich über die Neugestaltung der Innenausstattung des Cafés. Als sie den Raum betreten, sagt Franciska gerade: „… die wichtigste Annahme des Unismus ist die Einheit eines Werkes mit dem Ort seiner Entstehung oder den natürlichen Bedingungen, die dort bereits vor der Erschaffung des Kunstwerks existierten. Wie zum Beispiel bei Władysław Strzeminskis „Neoplastic Room" von 1948 im Muzeum Sztuki in Łódź, Polen. Ein funktionaler Ort zum Ausstellen von Kunstwerken, darunter Katarzyna Kobros „Space Compositions". 1950, nur zwei Jahre nach der Installation, wurde die Polychromie des Raumes, die sich auf die konstruktivistisch-neoplastizistische Ästhetik bezog, als nicht mit dem staatlich verordneten sozialistischen Realismus vereinbar erachtet und deshalb übermalt sowie sein Inhalt vollständig entfernt."

Die Vorbereitungen für die Renovierung sind bereits im Gange — weshalb die Tische schon ausgeräumt wurden. Also gruppieren sich die fünf um den Bar- und Küchentresen. Wandbedeckungen und Bodenbeläge sind ebenfalls teilweise entfernt.

Farb- und Tapetenmuster kleben an den Wänden, und in einer Ecke stapeln sich Bodenfliesen. Einziges Möbelstück ist eine ausgefallene Bank, bestehend aus einem kantigen Stahlrahmen, der zwei in Primärfarben bemalte Flächen trägt. Zwei aus der Gruppe tragen die Bank zur Bar und drehen sie auf die Seite, sodass sie sowohl als Sitzgelegenheit wie auch als improvisierter Tisch dienen kann.

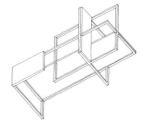

Sie bereiten eine Mahlzeit vor. Céline legt ein hölzernes Schneidebrett auf den Tisch. Aus einem Lagerraum hinter der Bar bringt sie Möhren und Kartoffeln. Sie nimmt ein Messer und schneidet das Gemüse in grobe Stücke.

„Anfang des vierzehnten Jahrhunderts wurde in Siena eine Statue gefunden, die man Lysippus zuschrieb", sagt sie betont langsam und deutlich, während sie die geschnittenen Möhren und Kartoffeln auf dem Brett schichtet. „Als besonders prächtiges Exemplar einer Statue gepriesen, erregte sie sofort die Aufmerksamkeit der sienesischen Künstler und Kunstkenner, die in Scharen herbeieilten, um sie zu bewundern, und sich dafür einsetzten, dass sie in gebührend feierlichem

Rahmen auf dem Brunnen eines zentralen Platzes aufgestellt wurde."

Sie geht hinüber zum Herd, wo sie einen Topf mit Wasser aufgesetzt hat. „Aber dann folgte eine düstere Episode in der Geschichte der Stadt. Nachdem Siena mehrere Schlachten gegen Florenz verloren hatte, berief der Rat der Stadt eine Versammlung ein. Ein Bürger hielt folgende Ansprache: ‚Seit wir diese Statue preisen, haben sich die Dinge nur immer weiter zum Schlechteren gewendet. Die Statue hat Siena nichts als Unglück gebracht.'" Céline nimmt das Gemüse vom Schneidebrett und wirft es Stück für Stück in den Topf mit dem nun kochenden Wasser. Sie greift über den Tresen nach einer Gabel.

„Am 7. November 1357 befahl der Rat der Stadt, die Statue niederzureißen, sie in Stücke zu zerschlagen und in florentinischem Boden verrotten zu lassen." Sie sticht mit der Gabel in die Gemüsestücke, um zu testen, ob sie bereits weich genug sind.

Céline rührt mit einem Holzlöffel energisch in der Suppe, während diese für einige Minuten weiterkocht und schließlich eine cremige homogene Konsistenz annimmt. Die ursprünglichen Zutaten sind nicht mehr zu erkennen.

Lars stellt Käse, Brötchen, Gurken und rote Paprika für Sandwiches bereit. Er höhlt die Brötchen mit den Fingern aus und legt sie auf den Tisch, eins für jeden der Anwesenden. „Bei der Reparatur des Schiffes, mit dem Theseus nach Kreta zurückkehrte, ist — nach und nach — jedes einzelne Teil ersetzt worden", beginnt er seine Geschichte. Er legt den Käse, die Paprika und die Gurke in die untere Brötchenhälfte und fordert die anderen auf, es ihm gleichzutun. „Dieses Schiff wurde zum Mittelpunkt heftiger Kontroversen unter Philosophen. Die Frage, die sie sich stellten, lautete: ‚Ist ein Objekt, dessen Bestandteile vollständig ausgewechselt wurden, immer noch dasselbe Objekt?'"

Er nimmt sein „Schiffchen", baut es teilweise auseinander und signalisiert dem Rest der Gruppe, seinem Beispiel zu folgen. Unter Verwendung des ursprünglichen Brötchens, des Käses sowie der Paprika stellen sie eine neue Konfiguration zusammen, ersetzen die Gurkenscheiben allerdings durch ganze Gurken. Diese tragen eine Plattform aus Käse, auf der lose Paprikascheiben liegen. „Die eine Denkschule vertrat die Ansicht, das Schiff sei dasselbe, die andere behauptete, das sei nicht der Fall." Die Komponenten werden ein drittes Mal neu kombiniert: Auf zwei in den Käse gedrückten Gurken ruht eine umgedrehte Brötchenhälfte wie ein über die Paprikascheiben gespanntes Segel. „Das Paradoxon vom Schiff des Theseus hinterfragt demnach, wann Dinge ein Ganzes bilden und wie dieses Ganze zu definieren ist. In diesem Disput wird das Schiff des Theseus seit jeher hin- und hergerissen zwischen der Definition des Identischen als exakt ein und dasselbe oder als

Übereinstimmung der Bestandteile oder Eigenschaften."

Als die Suppe und die Sandwiches auf dem Tisch stehen, nimmt die Gruppe an dem farbenfrohen Gebilde Platz, um zu essen.

Nach dem Essen steht Michael auf und holt eine elektrische Kaffeemühle und ein Glas mit Kaffeebohnen aus dem Lager. Er beugt sich über den Tresen, um die Bohnen zu mahlen. Dann hält er kurz inne, damit die anderen ihn hören können, richtet sich auf und sagt:

„Kaffee wurde von einem äthiopischen Ziegenhirten namens Kaldi entdeckt, dem aufgefallen war, dass seine Ziegen, nachdem sie die Beeren eines bestimmten Baumes gefressen hatten, so munter wurden, dass sie des Nachts nicht mehr schlafen konnten. Als er seine Entdeckung pflichtbewusst dem Abt des örtlichen Klosters berichtete, verurteilte dieser die Beeren als Teufelswerk. Nichtsdestotrotz lernten die Mönche schnell, wie die Frucht dieser leuchtend grünen Pflanze ihnen half, bis zum Nachtgebet wach zu bleiben, und die Kunde von der stimulierenden Wirkung der Beere verbreitete sich rasch. In Istanbul wurde der Kaffee 1543 während der Regentschaft Sultan Suleimans des Prächtigen von Özdemir Pascha, dem osmanischen Statthalter des Jemen, eingeführt, der den Trank während seiner Amtszeit dort schätzen gelernt hatte. Allerdings nutzten die Osmanen den Kaffee schon bald vor allem dazu, ihre Sklaven aufzuputschen, um sie länger und härter arbeiten zu lassen. Im Palast des Sultans entwickelte man derweil eine neue Methode der Zubereitung: Die Bohnen wurden über dem Feuer geröstet, fein gemahlen und dann, in der Glut eines Holzkohlefeuers, langsam in Wasser gekocht."

Michael wendet sich wieder der Mühle zu, bis die Bohnen fein genug gemahlen sind. Er füllt löffelweise Kaffee und Zucker in fünf kleine Porzellantassen ohne Henkel, die auf einem Tablett stehen.

„Kaffee nur in gemahlener Form zu exportieren verhinderte außerdem, dass er von anderen angebaut werden konnte als denen, die den Handel mit Kaffee und Sklaven kontrollierten." Michael bringt auf dem Herd Wasser zum Kochen, gießt es in die Tassen und trägt das Tablett zum Tisch. Die Tassen werden herumgereicht.

„Die Säcke mit Kaffeepulver wurden bald im gesamten osmanischen Reich gehandelt, und Kaffee avancierte zu einem Instrument der Macht wie auch einer kultivierten, allerdings süchtig machenden Delikatesse. Erst nach der Niederlage bei der Belagerung von Wien, 1529, gerieten von den Osmanen zurückgelassene Säcke ungerösteter Kaffeebohnen in die Hände der Österreicher, die daraufhin ihr eigenes, hochlukratives Kaffeegeschäft aufzogen."

Céline schlürft ihren Kaffee bis auf den Satz. Dann dreht sie die Tasse auf den Kopf und stellt sie verkehrt herum auf einen Teller. Der verbliebene Satz lagert sich an den Tassenwänden ab und trocknet.

Michael nimmt die umgedrehte Tasse und hält sie in die Höhe: „Diese Glocke läutete im russischen Uglitsch am 15. Mai 1591 zum Aufstand, jenem Tag, an dem der exilierte zehnjährige Prinz Dimitri, zweitgeborener Sohn Iwans des Schrecklichen, tot und mit aufgeschlitzter Kehle aufgefunden wurde. Des Verrats angeklagt und für schuldig befunden, verbannte man die Glocke für immer und ewig nach Sibirien, wohin sie mit anderen Verurteilten überstellt wurde. Das Urteil verfügte außerdem, dass der Übeltäter zum Schweigen zu bringen war, indem man ihm die Zunge abtrennte, welche ebenfalls verbannt wurde."

„Nach 299 Jahren Einzelhaft in Tobolsk wurde die Glocke durch Beschwörung von ihrem Frevel teilweise reingewaschen, neu geweiht und in einem Kirchturm der sibirischen Hauptstadt aufgehängt. Allerdings dauerte es immer noch einige Jahre, bis ihr vollständig vergeben wurde und sie in ihre ursprüngliche Heimat Uglitsch zurückkehrte, in die Kirche Sankt Demetrios, auch Blutskirche genannt, die an exakt jenem Ort errichtet worden war, an dem man Prinz Dimitri ermordet und auch seinen Leichnam gefunden hatte."

Valentina nimmt Michael die Tasse ab und stellt sie auf den Tisch, um in der Tradition der Tasseographie aus dem Kaffeesatz zu lesen. Mit festem Blick auf die Tasse trägt sie der Gruppe

ihre Erkenntnisse vor: „Wir stehen auf dem nachgiebigen Boden dieses Ortes, sind umgeben von hohen Wänden, überflutet mit Konturen, die gleich alten Gemälden Bilder und Geschichten bergen." Valentina dreht die Tasse langsam herum, während sie interpretiert, was sie darin sieht.

„Dies ist eine Geschichte von Umkehrungen, in der eine Situation hervorgehoben wird, wie ein Bild, das an Intensität gewinnt, wodurch eine andere Situation — oder vielleicht ein anderes Bild — zum Vorschein kommt."

Eine subtile Struktur im Kaffeesatz erregt ihre Aufmerksamkeit. „Die Verhältnisse wurden von einer großen Struktur geschaffen, einer großen Gestalt, möglicherweise von einem großen Mann, der die Fähigkeit besaß, die Zukunft in die Vergangenheit münden zu lassen. Einem Visionär, könnte man vielleicht sagen."

„Aber jemand — eine Frau — steht ihm im Weg und verfolgt die Entwicklung der Ereignisse. Sie hat die Arme verschränkt; sie ist nicht willens oder womöglich nicht in der

Lage, einzugreifen. Eventuell kann sie einfach nicht viel tun, aber sie steht in der Gegenwart. Sie ist unser Ausgangspunkt, von ihrer Position aus wird die Story für uns sichtbar."

„Der Kontrast zwischen diesen beiden Positionen ist es, der intensivierend wirkt, der es der Aufmerksamkeit erlaubt, sich auf die klaffenden Lücken zwischen ihnen zu richten, die so selbst zu Pfaden und Orten werden."

„In weiter Ferne befindet sich ein Schlangennest, Leerstellen, die nun lebendig sind und davonkriechen — wie vermutlich immer schon, bloß ungesehen. Zwischenräume, die zu Räumen werden. Schlangen stehen für starke Beziehungen, aber darüber hinaus sind sie bloß, was sie sind: hervortretende Formen und Figuren, revitalisierte Lücken."

„Bislang verborgen, schwärmen sie jetzt aus, setzen Dinge in Bewegung, verbreiten Unruhe unter anderen undeutlichen, dunklen Strukturen, die in der nahen Vergangenheit existieren. Ihr Werk ist ein Werk der Revitalisierung, es haucht neues Leben in Lücken und Zwischenräume und stimuliert so soziale, intellektuelle und affektive Beziehungen und ist zugleich eine Kraft und eine Bedrohung für bereits vorher existierende Sedimentstrukturen."

Valentina blickt von der Tasse auf und beschließt ihren Vortrag: „Eine Schlange beißt die große Gestalt des Mannes von hinten. Vielleicht handelt es sich dabei um

eine notwendige Überwindung der Kategorien oder vielleicht auch um einen von kleinen Dosen Gift angetriebenen Mechanismus. Allerdings werden wir wohl erst noch herausfinden müssen, ob dies eine Geschichte von Umkehr als Wandel ist oder als das, was längst längst da war."

Als ich von dem Buch aufblicke, bemerke ich, dass die beiden Markierungen mit einer dritten korrespondieren, die sich außerhalb der Buchseite auf der Wand des Hörsaals befindet. Sie bilden einen dreieckigen Pfeil und ich kann nicht anders, als ihm zu folgen. Ich verlasse das Zentrum der Sphäre und begebe mich zum hinteren Ausgang.

A SCHOOL
FOR DESIGN FICTION

Convened 8 November, 2013
Galerie für Zeitgenössische Kunst
Karl-Tauchnitz-Straße 9–11
D-04107 Leipzig

DIRECTOR OF STUDIES
James Langdon
Recipient of the 2012 Inform Award
founded by Dr. Arend Oetker

CONVENOR OF STUDIES
Franciska Zólyom

SCHOOL SECRETARY
Julia Kurz

WHAT IS PROSAIC?
Lecture by Gavin Wade

PUGIN'S CONTRASTS ROTATED
Lecture by James Langdon
Rebinding of 1836 edition of
"Contrasts …" performed by
Katja Zwirnmann
Drawing by Simon Manfield

MATTER IS PLASTIC
IN THE FACE OF MIND
by Sofia Hultén
Performed by Stefan Hurtig
Documentary text by
James Langdon with Sofia Hultén

TWO EYES, EARS,
NOSTRILS, BRAINS
Lecture by James Langdon
Adapted from "The Bisected Brain"
(1970) by Michael S. Gazzaniga
Drawings and paintings by K. N. W.

FIRST TOY COSMOS
Readings by James Langdon from
"Star Maker" (1937) by Olaf Stapledon
and "Adhocism" (1972) by
Charles Jencks and Nathan Silver
Models by Peter Nencini
Photographs by Stuart Whipps

A DEAD MAN SPEAKS
by James Langdon
Drawings by Simon Manfield

PROPOSALS FOR
A SCHOOL REFECTORY
by Céline Condorelli
Drawings and prototypes
by Céline Condorelli

"A School for Design Fiction" is part of "Responsive Subjects", a project initiated by the Museum of Contemporary Art Leipzig. Made possible by the support of the German Federal Cultural Foundation and the Cultural Foundation of the Free State of Saxony. The work of James Langdon, winner of the 2012 Inform Award for Conceptual Design, was enhanced by the financial support from the Friends of the Museum of Contemporary Art Leipzig. The mobility of the British experts was made possible by the British Council.

„A School for Design Fiction" ist Teil von „Responsive Subjects", einem Projekt der Galerie für Zeitgenössische Kunst Leipzig. Gefördert durch die Kulturstiftung des Bundes und die Kulturstiftung des Freistaates Sachsen. James Langdon, Preisträger des Inform-Preises für konzeptionelles Gestalten 2012 hat seine Ideen mit Unterstützung des Förderkreises der Galerie für Zeitgenössische Kunst Leipzig e.V. umgesetzt. Die Einladung weiterer britischer Experten war durch die Förderung des British Council möglich.

"WHAT IS PROSAIC?" is the 27th entry in an ongoing series by artist-curator Gavin Wade titled "Strategic Questions". The series presents 40 projects in response to 40 questions written by the design-scientist, architect and comprehensivist Buckminster Fuller (1895–1983). Each project is an artwork or a combination of artworks produced in relation to a different publication scenario. Each project tackles one question within an existing publication or a new publication is developed.

These strategic questions were written by Fuller in 1966 as part of a statement to a leading figure in the world building industry. The statement is called "Design Strategy" and was published in Fuller's "Utopia or Oblivion: The Prospects for Humanity" (1969).

1. What do we mean by universe?
2. Has man a function in universe?
3. What is thinking?
4. What are experiences?
5. What are experiments?
6. What is subjective?
7. What is objective?
8. What is apprehension?
9. What is comprehension?
10. What is positive? Why?
11. What is negative? Why?
12. What is physical?
13. What is metaphysical?
14. What is synergy?
15. What is energy?
16. What is brain?
17. What is intellect?
18. What is science?
19. What is a system?
20. What is consciousness?
21. What is subconsciousness?
22. What is teleology?
23. What is automation?
24. What is a tool?
25. What is industry?
26. What is animate?
27. What is inanimate?
28. What are metabolics?
29. What is wealth?
30. What is intuition?
31. What are aesthetics?
32. What is harmonic?
33. WHAT IS PROSAIC?
34. What are the senses?
35. What is mathematics?
36. What is structure?
37. What is differentiation?
38. What is integration?
39. What is integrity?
40. What is truth?

PUBLICATION © 2014
Galerie für
Zeitgenössische Kunst Leipzig,
the authors / die Autoren

EDITED BY / HERAUSGEGEBEN VON:
Galerie für
Zeitgenössische Kunst Leipzig
www.gfzk.de

CONCEPT, TEXT, GRAPHIC DESIGN
/ KONZEPT, TEXT, GESTALTUNG:
James Langdon

EDITORIAL TEAM / REDAKTION:
Julia Kurz, Franciska Zólyom

TRANSLATION / ÜBERSETZUNG:
Textbüro Stephan Glietsch

GERMAN COPY EDITING / LEKTORAT:
Tanja Milewsky

COVER IMAGE / BILDNACHWEIS:
"Walter with newspaper" (2013)
by K. N. W.

TYPEFACES / SCHRIFT:
"Dear Sir" by Radim Peško
("Zak Kyes Working With ...",
2010 Inform Award project)
"Specta" by Radim Peško
(Eastside Projects)

PAPER / PAPIER:
Munken Lynx 240gm, 120gm

PRODUCTION / GESAMTHERSTELLUNG:
PögeDruck, Leipzig

PUBLISHED BY / ERSCHIENEN BEI:
Spector Books
Harkortstraße 10, 04107 Leipzig
www.spectorbooks.com

„WAS IST PROSAISCH?" lautet der siebenundzwanzigste Eintrag einer fortlaufenden Serie des Künstler-Kurators Gavin Wade mit dem Titel „Strategische Fragen". Die Serie präsentiert vierzig Projekte als Antworten auf vierzig Fragen des Design-Wissenschaftlers, Architekten und Komprehensivisten Buckminster Fuller (1895–1983). Jedes einzelne Projekt ist ein Kunstwerk oder eine Kombination von Kunstwerken, die für divergierende Veröffentlichungsszenarien geschaffen wurden. Jedes einzelne Projekt geht innerhalb eines bestehenden Formats eine Frage an. Oder aber es wird ein ganz neues Format der Veröffentlichung entwickelt.

Diese strategischen Fragen wurden von Fuller 1966 als Teil einer Stellungnahme gegenüber einer führenden Persönlichkeit der internationalen Bauindustrie verfasst. Die Erklärung trägt den Titel „Design Strategy" und wurde in Fullers „Utopia and Oblivion: The Prospects for Humanity" (1969) veröffentlicht.

1. Was verstehen wir unter Universum?
2. Hat der Mensch eine Funktion im Universum?
3. Was ist Denken?
4. Was sind Erfahrungen?
5. Was sind Experimente?
6. Was ist subjektiv?
7. Was ist objektiv?
8. Was ist Erkennen?
9. Was ist Begreifen?
10. Was ist positiv/ Warum?
11. Was ist negativ/ Warum?
12. Was ist physisch?
13. Was ist metaphysisch?
14. Was ist Synergie?
15. Was ist Energie?
16. Was ist Verstand?
17. Was ist Intellekt?
18. Was ist Wissenschaft?
19. Was ist ein System?
20. Was ist Bewusstsein?
21. Was ist Unterbewusstsein?
22. Was ist Teleologie?
23. Was ist Automatisierung?
24. Was ist ein Werkzeug?
25. Was ist Industrie?
26. Was ist belebt?
27. Was ist unbelebt?
28. Was ist Metabolie?
29. Was ist Wohlstand?
30. Was ist Intuition?
31. Was ist Ästhetik?
32. Was ist harmonisch?
33. WAS IST PROSAISCH?
34. Was sind die Sinne?
35. Was ist Mathematik?
36. Was ist Struktur?
37. Was ist Differenzierung?
38. Was ist Integration?
39. Was ist Integrität?
40. Was ist Wahrheit?